BUZZ

© Buzz Editora, 2020

Publisher ANDERSON CAVALCANTE
Editoras SIMONE PAULINO, LUISA TIEPPO
Assistente editorial JOÃO LUCAS Z. KOSCE
Projeto gráfico ESTÚDIO GRIFO
Assistentes de design NATHALIA NAVARRO, FELIPE REGIS
Revisão VANESSA ALMEIDA

Dados Internacionais de Catalogação na Publicação (CIP)
de acordo com ISBD

Tranjan, Roberto
A empresa de corpo, mente e alma: Amplie sua percepção,
potencialize sua liderança e multiplique os resultados /
Roberto Tranjan
2ª edição. São Paulo: Buzz, 2020
144 pp.

ISBN 978-65-86077-56-8

1. Administração. 2. Empresas.
3. Sucesso. I. Título.

2020-1502   CDD 650.14
                                  CDU 658.011.4

Elaborado por Vagner Rodolfo da Silva CRB-8/9410

Índice para catálogo sistemático:
1. Administração: Sucesso 650.14
2. Administração: Sucesso 658.011.4

Buzz Editora
Av. Paulista, 726 – mezanino
CEP: 01310-100 São Paulo, SP

[55 11] 4171 2317
[55 11] 4171 2318
contato@buzzeditora.com.br
www.buzzeditora.com.br

A EMPRESA DE CORPO, MENTE E ALMA

ROBERTO TRANJAN

Amplie sua percepção, potencialize sua liderança e multiplique os resultados

*A Lena, irmã e amiga,
pelo muito que aprendi e, principalmente, por ter me
mostrado a existência da alma nos negócios.*

PREFÁCIO DA NOVA EDIÇÃO

Vivemos em um mundo fragmentado! É assim na escola, quando informações e conhecimentos ainda permanecem segmentados em disciplinas estanques. É assim na empresa tradicional, fatiada em departamentos e subdivisões segregadas. A falta da visão do todo subtrai o significado do trabalho e dos negócios. Baixo nível de significado gera baixo nível de compromisso por parte de funcionários e clientes. Daí o enorme desequilíbrio entre a energia empregada nos esforços e os parcos resultados obtidos.

A visão sistêmica altera essa triste realidade. Afinal, tudo está inter-relacionado. Quando entendemos a relação que existe entre as coisas, aumenta nossa capacidade de compreensão do mundo e da vida. Negócios, equipes, clientes, resultados formam um todo indivisível. O significado está no todo, não nas partes! Essa é a grande questão!

A fragmentação leva à alienação e à ignorância. Impede que se enxergue o todo, as relações entre as coisas, dificulta a identificação de processos de interdependência, minimiza a consciência diante dos vários fenômenos da vida e gera incapacidade de enxergar ordem nos entremeios do caos.

Daí que os chefes se ressentem da baixa contribuição, iniciativa e criatividade de seus funcionários; daí que os funcionários se ressentem da baixa atenção, parco interesse e desvalorização de seu trabalho. É por isso que empresas não compreendem seus clientes; é por isso que clientes se sentem frustrados com as empresas.

Assim sobrevivem muitas organizações: alienadas e reclusas. O mercado funciona como um grande sistema em que vários agentes interagem: fornecedores, clientes, investidores, trabalhadores. Por falta de visão sistêmica, muitas empresas intoxicam seus mercados, em vez de nutri-los, e com isso perdem a oportunidade de também ser nutridas por eles.

Não é diferente com algumas pessoas em uma organização. Também trabalham alienadas e reclusas. Não conseguem, assim, oferecer o seu melhor. Tampouco receber o melhor. Essa alienação ou ignorância, resultante da baixa ou inexistente visão sistêmica, cria um ciclo perverso contínuo: muito esforço/pouco resultado/baixa recompensa/muito esforço/pouco resultado/ baixa recompensa, e assim por diante.

O antídoto contra a alienação e a ignorância tem nome: conhecimento. Mas não se trata do conhecimento linear e cartesiano. Trata-se do conhecimento sistêmico. Não dá mais para aceitar pessoas *adormecidas*, líderes ou subordinadas, executando tarefas sem significado. A tarefa, por si só, é pouco estimulante se não estiver relacionada a algo maior. É a conclusão de um trabalho sem causa que gera desmotivação e baixo padrão de qualidade. Falta, portanto, de excelência.

É como a conhecida parábola dos três cegos a apalpar um elefante. Sem a menor ideia do que se trata, o primeiro supõe ser uma corda, o segundo, uma árvore e o terceiro, uma parede. É a "verdade" para cada um deles. Essa é a pior prisão: viver acreditando em uma "verdade" que não é verdade. Com as melhores intenções, todos dão o melhor de si: para uma corda... para uma árvore... para uma parede... e ignoram por completo a existência do elefante.

Diante de tal, e corriqueira, distorção, é comum que as pessoas criem imagens falsas e embaçadas do mercado, do negócio, do cliente, dos objetivos e dos resultados. Como acertar o alvo com uma visão bisonha? É possível dar certo? Só com excesso desnecessário de esforço e circunstancialmente. Essa visão fragmentada tem sido o maior problema de muitas organizações. Quando não se conhece o todo, reduzem-se ao mínimo as possibilidades de contribuir ao máximo.

É aí que vejo *A empresa de corpo, mente e alma* mais atual do que nunca. A velha economia deixou como herança um tipo de empresa fragmentada, em que as pessoas se limitam a ocupar cargos restritos, simplificados em funções e tarefas desconexas. Todos trabalham muito e rendem pouco. Há uma ingrata desproporção entre esforço e desempenho.

Nesta nova edição, revista e ampliada, pretendo ir além do propósito de fornecer elementos para a criação de uma empresa plena. O desafio está em recriar o trabalho, como algo integral e integrado, portanto inteiro e repleto de significado.

A metodologia Gestão CMA abre o caminho para trilhar uma nova economia, capaz de criar empresas geradoras de uma riqueza superior.

Roberto Tranjan
inverno de 2020

INTRODUÇÃO

POR UMA MUDANÇA PLENA

Administrar uma empresa pode até parecer simples: nada além de comprar, estocar, vender, receber. Ou, naquelas dedicadas a prestar um bom serviço, atender bem o cliente.

Se parece tão simples, por que grande parte das empresas não consegue chegar lá? Se parece tão fácil, por que o índice de fidelização de clientes é baixo? E por que o nível de comprometimento das pessoas é ínfimo? E por que os resultados estão sempre aquém dos desejados?

Muitos líderes não conseguem explicar seus insucessos, senão usando o surrado refrão da conjuntura cruel. Todos trabalham com afinco: compram, produzem, vendem, recebem, mas os negócios deixam a desejar. As empresas falham no primordial quesito da relação proveitosa com seu mercado, os líderes são incapazes de manter uma equipe comprometida, os negócios padecem de baixa rentabilidade.

Por outro lado, existem empresas que funcionam como referências de competência: satisfazem os clientes, entusiasmam os funcionários, agradam aos líderes e acionistas.

Qual é o segredo?

A constatação é de que o sucesso existe, mas não por acaso. Há, de fato, alguns segredos para alcançá-lo.

O primeiro deles é a *visão sistêmica*. Nas empresas bem-sucedidas, os líderes enxergam muito além de seus pares acostumados à mesmice tradicionalista. Sabem que uma empresa não é apenas um meio de ganhar a vida e de fazer riqueza em proveito próprio. É muito mais!

O segundo segredo é a *capacidade de diagnóstico*. A máxima "conhece-te a ti mesmo" vale também para as empresas. Identificar corretamente o problema e suas verdadeiras causas faz com que todos, líderes e colaboradores, ganhem em aprendizado e progresso.

O terceiro segredo é a certeza de que *não existem fórmulas mágicas*. Este livro não pretende oferecer soluções infalíveis nem um receituário genérico e aplicável, desvairadamente, a qualquer tipo de empresa, seja qual for o estágio de sua existência. Isso é ficção. Esqueça a panaceia das respostas rápidas, precisas e axiomáticas. Mas, se o seu objetivo for adquirir ou aprimorar a visão sistêmica e a capacidade de diagnose na busca de uma empresa rentável, diferenciada e saudável, tenho a convicção de que faremos juntos uma boa viagem, ao longo das próximas páginas.

As tendências indicam que as empresas viciadas no modelo arcaico de administração serão varridas do mercado, mais cedo ou mais tarde. E não basta querer mudar apenas para sobreviver. O sucesso consistente e contínuo requer uma mudança plena: de corpo, mente e alma!

A EMPRESA NO AVESSO

1

O que é uma empresa de corpo, mente e alma?

É uma empresa plena, inteira, equilibrada. O corpo é formado pela parte visível e tangível: máquinas e equipamentos, instalações, estoques, produtos e serviços, duplicatas, relatórios, caixa e lucro. A mente trata da relação com o mercado, com os clientes, com o futuro. Cuida das estratégias, do negócio, do foco, dos diferenciais. A alma consiste nos relacionamentos internos, na comunicação, no comprometimento, na motivação, no exercício da liderança e no trabalho em equipe.

Para compreender melhor essa tríade, no entanto, vale a pena focalizar primeiro as empresas desequilibradas: a *objeto*, voltada predominantemente para o corpo; a *desnorteada*, que enfatiza a mente; e a *sensível*, preocupada exageradamente com a alma.

Essas empresas lidam mal com os recursos que cada parte da tríade oferece. Tal desvio acentua mais o descompasso, de maneira que elas, conduzidas por líderes de visão limitada e frag-mentada, acabam procurando ajuda onde menos necessitam. Daí receberem a qualificação de empresas no avesso.

É como aquela frase do escritor americano Mark Twain: "Quando o único instrumento que você tem é um martelo, você pensa que todo problema é um prego". Afinal, ninguém reconhece o que desconhece, ou seja, nunca pede ou procura ajuda para o que não consegue enxergar.

A ausência de visão sistêmica cria empresas parciais, fragmen-tadas e mutiladas. É claro que resultados também serão parciais, fragmentados e mutilados.

Cada tipo de empresa apresentado fará com que você aprimore ainda mais a compreensão da tríade corpo, mente e alma. E, certamente, reforçará sua capacidade de diagnóstico para entender melhor as anomalias e disfunções de sua própria empresa ou área de trabalho.

1 A EMPRESA-OBJETO

A empresa que perdeu a hora

"O dia deveria ter mais de 24 horas", "Ah! Se você estivesse no meu lugar", "Eu sou só um", "Não vai dar", "Estou no sufoco", "Ai, Jesus!", "Xiiii".

Essas frases são ditas diariamente por quase todos, na empresa. A palavra "urgente" não serve mais para nada, porque tudo é para ontem. Há pouco tempo, a diretoria introduziu o "urgentíssimo" no vocabulário, na ânsia de conseguir que as coisas sejam feitas no prazo.

Os próprios líderes vivem no emaranhado de problemas do dia a dia. Atuam como bombeiros gerenciais, sempre apagando incêndios e muitas vezes acabam chamuscados, rendidos às labaredas. Todos, sem exceção, parecem baratas tontas: os chefes não se entendem, entregues a conflitos diários, os funcionários não se motivam e querem ver o circo pegar fogo. Aliás, não é para enfrentar esse desafio que existe o bombeiro-líder?

É difícil estabelecer prioridades, quando a empresa não definiu claramente seus objetivos estratégicos. É difícil ter estratégias, quando os líderes se ocupam em demasia com decisões operacionais.

Uma empresa cujos líderes vivem resolvendo problemas vive do passado. Afinal, o que é um problema? É algo que não foi bem feito no momento certo e, por isso mesmo, volta revigorado, incomodando o presente. Líderes que, no presente, cuidam doze horas por dia do passado não têm tempo de preparar o futuro. Assim, empresa sem tempo é empresa sem futuro! E empresa sem futuro...

Fazer é o que conta

Na empresa-objeto, as pessoas estão envolvidas com a implementação de tarefas. Não passam, portanto, de tarefeiras. As eficientes tentam fazer o que lhes cabe da melhor maneira possível, mas nada além disso. O que se valoriza, costumeiramente, é a norma, o procedimento, o cumprimento de horários, a rotina.

As pessoas são avaliadas mais pelo bom trabalho do que pela boa ideia. Aliás, na empresa-objeto não é boa ideia ter uma boa ideia. Seus líderes acreditam que problemas operacionais podem ser resolvidos com automação, no caso da fábrica, e informatização, no caso do escritório. Para eles, administrar é garantir que as pessoas cumpram suas funções de acordo com o cargo que ocupam. Com isso, gastam muito tempo exercendo o controle e a supervisão. Planejam as tarefas para que os funcionários as executem.

A empresa-objeto não é dada a mudanças. Mudar significa aprender, e aprender significa pensar. Pensar não é o forte da empresa-objeto. Fazer é o que conta. Seu objetivo é colocar a mercadoria para fora. Vender, vender, vender. A satisfação do cliente não é o mais importante, o que conta é "empurrar o abacaxi" (só que os clientes devolvem os "abacaxis").

As equipes de vendas das empresas-objeto são muito agressivas. Placares nas salas dos vendedores indicam quem são os bambambãs. A competição é interna e externa. Pouco se sabe e se diz do cliente. Fala-se muito do pedido e da carteira. É isso mesmo: na empresa-objeto o cliente não passa de um item da carteira. É menos lembrado que o concorrente, principalmente quando este "leva" o pedido. A justificativa é quase sempre a mesma: "Levou porque tinha o melhor preço!". O que conta é "bater" a meta. Não importa se a transação foi lucrativa ou não, o que vale é gerar caixa, girar, fazer dinheiro.

A inversão de valores

Na empresa-objeto, o líder sempre arranja tempo para receber e comemorar a aquisição de novos maquinários; sua agenda libera espaço para o almoço com o gerente do banco em que será pleiteada nova linha de crédito; o tempo escasso comporta lapsos para pesquisar uma nova linha de computadores ou de equipamentos.

Por outro lado, não há nenhuma brecha para a entrevista de seleção do novo encarregado nem para participar da integração dos novos funcionários contratados; muito menos para aquela entrevista de avaliação tão solicitada e desejada pelo gerente contratado há quase um ano.

Cliente, então, nem pensar. É lembrado apenas quando se torna inadimplente, e aí se transforma em um índice estatístico negativo. Pesquisas ou enquetes com os consumidores jamais são realizadas. O cliente é aquele "chato", que tenta mudar o jeito como a empresa funciona. É um agente subversivo das normas e regulamentos, criados exclusivamente em prol dos interesses da empresa.

Na empresa-objeto os recursos materiais, tecnológicos e financeiros são mais importantes do que as pessoas responsáveis por fazê-los funcionar. O problema é que naquele ambiente as pessoas também são consideradas recursos, daí serem denominadas *mão de obra*.

A empresa-objeto valoriza os controles, os sistemas, os procedimentos, os cargos, as funções. No entanto, quando a mente não define com clareza as estratégias, o corpo não sabe o que fazer com toda essa estrutura: são comuns o acúmulo de trabalho e a sobreposição de funções. Os limites da autoridade e das responsabilidades são confusos.

Os riscos de envelhecimento precoce

Na ânsia de manter a ordem, acaba por contrair doenças de organizações envelhecidas. Refiro-me à burocracia, que engessa a empresa e atrofia a criatividade. Não se trata da organização e do controle necessários, mas do exagero, do que beira o doentio, ao contrário da competência gerencial, que trabalha os dados para transformá-los em informações úteis. Prevalece o patrulhamento e a vigilância antirroubos.

As empresas que cresceram e envelheceram têm muita dificuldade de carregar o peso do seu tamanho. Invejam a flexibilidade daquelas de menor porte. Estas, em vez de tirar proveito do tamanho reduzido, copiam as grandes naquilo que têm de pior: sua burocracia. Com isso sofrem um envelhecimento precoce, que é uma doença do corpo.

No fundo, o excesso de controle existe para compensar a falta de confiança nas pessoas. Um problema de alma que se estende para o corpo.

No banheiro de uma fábrica

"O problema está nos estoques", diz Gilardo, seguro de seu diagnóstico. "Precisamos implantar um bom controle de estoques e assim acabaremos de vez com as diferenças que aparecem mensalmente nos inventários."

Como observador e estudioso de empresas, acompanho de perto tudo o que acontece ali. Implantou-se o que havia de melhor em controle de estoques para uma empresa do ramo de confecções. Mas ainda assim, ao apurar o CMV (custo da mercadoria vendida) no final de cada mês, os resultados são arrasadores. Sem querer incomodar o leitor com ciência contábil, CMV é a apuração dos custos daquilo tudo que foi faturado no mês e é encontrado através da seguinte equação: Estoque Inicial + Compras −Estoque Final. Significa dizer que o inventário dos estoques é imprescindível para que o custo seja conhecido e o custo, por sua vez, é fundamental para o conhecimento do lucro.

"Ah! O problema está nos custos", exclama Gilardo, corrigindo sem pudor seu outro diagnóstico.

Em busca de solução para esse novo enigma, elaboramos fichas técnicas por produto, tratamos de fazer a composição dos custos variáveis e diretos, adotamos os critérios recomendáveis ao melhor sistema de custeio para aquela empresa. Qual o quê! Os resultados continuam deturpados.

Caminhando pela fábrica, Gilardo e eu passamos a refletir sobre esses problemas.

"Estamos sendo roubados, essa é a única explicação!", ele conclui, agora com uma expressão de Sherlock Holmes. E funda-

menta sua conclusão: "As pessoas nunca foram comprometidas, nesta empresa. Os inventários de estoques nunca saem nas datas solicitadas. As fichas técnicas nunca estão corretas. Engraçado, por que será que nunca atrasam a folha de pagamento?"

Peço que me espere. Preciso ir ao banheiro. E, no caminho, questiono: o que, de fato, acontece aqui? Jamais podia imaginar que encontraria a resposta justamente em uma latrina: o modelo que vejo diante de mim é aquele do tipo torpedo, com o máximo de desconforto para que a permanência do indivíduo seja a mais breve possível. Ora, quem em sã consciência se comprometeria com uma empresa que não zela nem pelo conforto do funcionário no atendimento de suas necessidades básicas?

Retorno, inconformado, agora em direção ao escritório e em busca de um banheiro melhor, porém com mais condições de contribuir para o esclarecimento das verdadeiras causas dos problemas da indústria de confecções de Gilardo.

22   A sina de Sísifo

Alguns líderes de empresas-objeto parecem viver a sina de Sísifo, personagem da mitologia grega que, para expiar seus crimes, foi condenado a empurrar eternamente encosta acima uma enorme pedra que sempre resvalava ladeira abaixo, quando prestes a atingir o cume.

Nessa metáfora, Sísifo é o líder masoquista e a empresa é a pedra. No sentido figurado, masoquismo é uma anormalidade de quem sente prazer em se torturar. O líder masoquista considera-se refém da situação econômica. É crítico implacável do governo. Sua empresa nunca vai bem nas vendas. Quando consegue vender, não produz o volume necessário. Quando produz e vende, não obtém lucros. Quando tem lucros, não chega a transformá-los em caixa. Quando gera caixa, não o faz em volume suficiente para repor suas necessidades de capital de giro.

O líder masoquista acha que não tem sorte. Deixa, porém, faltar mercadoria e estoca quando não é preciso.

O líder masoquista não consegue formar equipe. Sua empresa é marcada por grande fluxo de entrada e saída de funcionários. Não sabe se chegou lá, até porque não planeja.

E por que é masoquista?

Por depender de empréstimos bancários e desviar seu tempo precioso em visitas a gerentes de bancos. Por nunca constituir reservas, pois a venda de ontem é o desconto das duplicatas de hoje, que se tornarão as despesas financeiras de amanhã e absorverão todo o lucro do negócio.

O líder masoquista está sempre em atrito com:

- Os fornecedores, que não lhe concedem o prazo necessário para pagar a duplicata;
- Os clientes, que reclamam o desconto de um preço mal elaborado;
- Os funcionários, que sempre são julgados como incompetentes e ingratos;
- Os gerentes de bancos, que ameaçam não continuar segurando o "papagaio";
- Os fiscais, o contador, a transportadora etc.

Referi-me a masoquista como a pessoa que tem prazer em se torturar. Vale corrigir. O líder masoquista é aquele que tem medo do que é capaz. Necessita desenvolver a visão sistêmica de que uma empresa não é só corpo. A mente cuida dos objetivos, das prioridades, das estratégias, do futuro. Sem a mente, não há como sair da roda-viva em que o líder masoquista se meteu. Precisa também de alma. Uma empresa frenética é uma empresa sem alma, e poucos estão dispostos a aturá-la. No máximo, as pessoas consideram ficar ali para uma breve estadia, especialmente aquelas que procuram mais do que o sustento, no trabalho.

O líder masoquista verá que, depois de adotada a tríade da empresa plena, algo mágico irá ocorrer com seu negócio. A economia, ainda que instável, não impede o crescimento nem a geração de resultados. O governo continua cometendo seus disparates, mas não a ponto de atingir perigosamente seu negócio. Os funcionários ficam mais motivados e a permanência no emprego é mais garantida.

O futuro não é tão incerto e inspira confiança. As dificuldades existem, sim, da mesma forma que uma instigante certeza: já não é necessário sofrer.

2 A EMPRESA DESNORTEADA

Feito barata tonta

A empresa desnorteada está mais preocupada com o *quê* e o *porquê* do que com o *como* e o *quando,* como acontece na empresa-objeto.

As pessoas não têm o direito de aceitar ou não as mudanças: elas sempre vêm. Numa segunda-feira, quando o líder principal acaba de retornar de uma viagem, ou na volta das férias coletivas, entre outros momentos, nada será como antes. Produtos são acrescentados ou retirados do portfólio, novos mercados são implementados e outros desestimulados, trocam-se pessoas.

A empresa desnorteada abre filial, fecha filial, contrata gerente, demite gerente. Na concepção de seus líderes, as pessoas são meros recursos para a realização de seus sonhos. Funcionários que discordam são colocados na "geladeira". Como não busca o comprometimento das pessoas, esse tipo de empresa mais se agita do que muda.

Tudo parece pensado e resolvido através de uma engenhosa estratégia, mas pouco se realiza: a empresa desnorteada é um cemitério de boas ideias. As que se salvam carecem de uma implementação baseada em estratégias engenhosas. Algumas decisões chegam a ser tresloucadas, conduzindo a ações destituídas de lógica, com rombos enormes de caixa por não conseguir compatibilizar risco com retorno.

Seu faturamento é o indicador principal que mede a participação no mercado e o posicionamento no *ranking.* Os líderes preocupam-se muito com isso e são amantes do risco. Preferem dois passarinhos voando a ter um nas mãos, ao contrário do que reza o velho adágio.

O famoso *one-man show*, que fez o sucesso dos empreendimentos meio século atrás, parece ainda estar presente nas empresas desnorteadas. Mas nos novos tempos, com a globalização econômica e a modernização administrativa, esse personagem pode ser adequadamente, denominado de *porra-louca,* uma pa-

25

lavra chula – segundo nosso mestre Aurélio – usada para definir pessoas que agem de maneira inconsequente, irrefletida e sem noção de responsabilidade.

Os riscos da perda de foco

A definição clara e precisa do negócio implica compreender as demandas dos clientes, organizadas em necessidades, para atendê-los com diferenciais que eles valorizem.

Quando as empresas fracassam, algumas vezes o diagnóstico sobre as razões que as levaram a tal estado aponta para erro de foco: produtos não compatíveis com mercados, definição do negócio não adequada às necessidades dos clientes. Isso pode ser verdade e, assim, conduzir a decisões proveitosas. Mas, se não for, levará a decisões desastrosas, caso não sejam considerados outros fatores, explicados pelo corpo e pela alma.

Quando a empresa está indo bem, o risco de perder o foco ocorre por tentações de diversificar o negócio. O sucesso de determinado empreendimento pode levar à soberba e à crença equivocada de que a mesma receita possa ser repetida em qualquer outro, haja ou não sinergia com o atual. A diversificação, sempre é bom lembrar, aumenta a vulnerabilidade da empresa. Somente o foco assegura expor-se a um risco compatível com as forças do negócio.

Falaremos mais sobre esses conceitos no capítulo sobre a mente, na segunda parte do livro. Atente agora para o "causo" a seguir, pois mostra o mau uso do lado mente da empresa.

"Empreendedorite" aguda

Os olhares cúmplices entre os gerentes denunciam mais uma vez a falta de credibilidade do diretor-geral, o Nicanor, que lança a ideia:

"Patinete! Esta é a moda agora nos Estados Unidos e, como tudo o que funciona lá, em pouco tempo acaba invadindo o Brasil!"

O entusiasmo é só dele. Todos ouvem com aquela cara de "já vi esse filme antes". Não sem motivo. No final do ano anterior, o boom tinha sido o skate, mas até o momento nada havia saído do papel. Antes, a epidemia prevista foi a do skateboard, mas na prática muito pouco evoluiu. De uma coisa todos têm certeza: Nicanor não sossega. Sofre de "empreendedorite" aguda. Toda vez que ele volta de uma viagem ao exterior, seus gerentes são acometidos de um tremendo frio na barriga.

"Xiii! Lá vem ele de novo. Mal conseguimos firmar nossa posição no mercado de surfware e já estamos diante de uma nova empreitada", reclama um deles.

"E com isso estamos perdendo vendas em nossas principais lojas, não temos produtos para atender à demanda no surfe, no skate, no skateboard...", comenta outro, desalentado.

"Mas, afinal, qual é o nosso negócio? Meus vendedores vivem me perguntando e eu mesmo não sei. Será que o Nicanor sabe?"

"Para o Nicanor, negócio é vender tudo para todos os que querem comprar."

Ele não dá ouvidos a ninguém. Cheio de orgulho, sempre foi visto pelos familiares como empreendedor nato, uma verdadeira usina de ideias. Considera-se antenado com a moda e as tendências. De fato, ousadia não lhe falta, mas ele vive batendo na mesma tecla: "Ir para os Estados Unidos é como viajar para o futuro! É só ver o que o americano está consumindo e trazer para o Brasil".

Mais uma vez, todos trocam olhares de cumplicidade e ceticismo, enquanto Nicanor se embriaga com o próprio entusiasmo.

Se Nicanor é a usina das ideias, a empresa é o cemitério. Não há nada de errado com a efervescência criativa do diretor-geral, mas a ideia é só uma parte do negócio. A outra é a inovação, que, por sua vez, depende da ação. A ação depende da alma (vontade das pessoas) e do corpo (recursos e estrutura).

Daí que Nicanor pode até ser um empreendedor brilhante, mas não passa de um líder limitado, incapaz de envolver as pessoas com suas ideias. Enquanto isso, sua empresa está desnorteada: qual é o foco? Qual é o negócio? Em que mercado ela atua? Quais são seus concorrentes? E seus diferenciais? Que valor o seu negócio agrega?

Quem deseja vender tudo para todos não consegue desenvolver o lado mente (estratégia para implementar os negócios) e acaba criando um empreendimento de costas para o mercado.

O fato é que na empresa desnorteada fala-se muito de negócios, de futuro, de faturamento (assuntos raros na empresa-objeto), mas de maneira equivocada. Voltar-se para o mercado, porém, não é uma receita absolutamente infalível, como demonstra o "causo" a seguir. A empresa em questão até fez um estudo para saber o que o cliente deseja. No entanto...

A melhor fatia

Ninguém imaginava que uma pesquisa de mercado pudesse causar tanto alvoroço na empresa.

"Vamos tirar o produto A de linha. Está aqui, nos resultados: somente 10% do público-alvo gosta do produto. Os outros 40% declaram não gostar e 50% são indiferentes. Vocês têm mais alguma dúvida?"

Madureira, o diretor de marketing da empresa, não está brincando. A retirada do produto A do portfólio é uma decisão com graves consequências, inclusive o fim de uma linha industrial e a demissão de funcionários.

Luíza, a gerente de vendas, ainda tenta contemporizar: "Não seria melhor analisar com mais cuidado essas informações?"

"Onde está a dúvida? Está aqui, veja bem...", diz Madureira, mostrando os dados: "40% não gostam do produto. Como vamos sobreviver com 10% de mercado? Os números não mentem."

"Os entrevistados, quando pressionados, declaram qualquer coisa", contesta Luíza, lembrando que o estudo foi feito no primeiro semestre do ano e que agora já é o segundo.

"Mas você sabe muito bem quanto investimos nessa pesquisa e o cuidado que tivemos de buscar uma empresa especializada para fazer o trabalho."

"Sim, mas estou diretamente com o pessoal no mercado e observo clientes que adoram nosso produto A."

"Dez por cento?!", pergunta Madureira.

"Sim, 10%!!! Dez por cento do estado de São Paulo, por enquanto. Depois podemos conquistar 10% do Rio de Janeiro, do sul do país, do Nordeste... e, quem sabe, podemos até pensar em exportar. Já pensou, 10% do mundo?"

"Sonhos não pagam contas. Você já ouviu falar de market share? Pois bem! Somos líderes de mercado em vários produtos. Nosso negócio é esse. Estar em primeiro lugar. Com menos de 50%, caímos fora."

A opinião do diretor de marketing prevalece na reunião, e Luíza, desolada, sai da sala, certa de que a empresa vai jogar por terra uma excelente oportunidade e a melhor, embora não a maior fatia do mercado.

É possível que Luíza esteja, mesmo, certa. O novo jogo do mercado não é ter a maior fatia, mas estar posicionado na mente do cliente. E isso só acontece quando a empresa é capaz de conhecer em detalhes as particularidades e necessidades, declaradas ou implícitas, de seu cliente. Esta é a melhor fatia do mercado.

É claro que ela não será detectada a partir de uma pesquisa de campo feita por outros, que podem ser competentes na realização de pesquisas por amostragem, porém nada sabem em profundidade sobre um público específico. O conhecimento não está nos dados estatísticos, mas na interação e no interesse pelo cliente.

De costas para o cliente

É típico da empresa desnorteada lançar produtos e tirá-los de linha sem consultar os clientes e a equipe comercial. Costuma, também, envolver-se – com mais frequência do que se pode imaginar – em negócios sem nenhuma sinergia estratégica.

Até organizações consagradas já caíram nessa armadilha. A Coca-Cola dedicou-se ao cultivo de camarões e à fabricação de canudos, depois de comprar a Columbia Pictures. Livrou-se a tempo desses empreendimentos. A Xerox embrenhou-se no setor financeiro. Não conseguiu se livrar da bancarrota.

É comum a empresa desnorteada concentrar-se no crescimento de determinado produto, serviço e mercado. Desfocada, passa a oferecer muitos produtos e serviços para vários mercados em níveis diferentes de preços.

Essas armadilhas atraem principalmente empreendedores e líderes que desconhecem os conceitos da empresa plena e, embora tenham verve empreendedora, permanecem de costas para o cliente.

3 A EMPRESA SENSÍVEL

A descoberta do ser humano

Nos tempos do Brasil Colônia, o escravo constituía a principal mão de obra da economia agrária, que imperava na época. É Darcy Ribeiro quem nos ensina, em *O povo brasileiro:* "Os negros escravos (...) não estavam destinados a atender às necessidades de sua população, mas sim aos desígnios venais do senhor. Nelas, à medida que eram desgastados para produzir o que não consumiam, iam sendo radicalmente desculturados..." Era o tempo das pessoas-objeto, usadas para servir e atingir objetivos que não eram seus.

Mais tarde, com o início da industrialização, formou-se o operariado, com egressos do campo. Como não havia nenhum empenho do governo para educar a população, milhares de ex-camponeses provenientes do êxodo rural foram relegados ao abandono. A pessoa-objeto foi promovida a pessoa-máquina, com algumas "regalias": salário e jornada de trabalho variando entre dez e doze horas. A pessoa-máquina simplesmente realizava o que a própria máquina não era capaz de fazer. E só! Lá estava para trabalhar, não para pensar, muito menos sentir!

As indústrias passaram a formar grandes conglomerados, e, com o crescimento, a burocracia foi enaltecida. Acredite! Embora hoje seja considerada negativa, a burocracia fez o maior sucesso nas décadas de 1940 e 1950. Era representada por organogramas, fluxogramas de tarefas, descrição de cargos e salários, manuais de normas e procedimentos, circulares e memorandos. Vivia-se a época da pessoa-norma. Melhor dizendo, a norma vinha antes da pessoa. O controle valia mais do que a tarefa; o registro mais do que o resultado. Não havia espaço para criar. Em outras palavras, não havia espaço para ser gente!

Embora neste momento estejamos vivendo a sociedade da informação, em que a tônica é a mudança contínua, muitas daquelas características ainda estão presentes em nosso meio empresarial. Pessoa-objeto, pessoa-máquina ou pessoa-norma – essa trajetória forçou uma relação de desconfiança entre empregado e empregador.

Acompanhe o "causo" a seguir e veja que se livrar dos estigmas do passado não é tão simples.

Ouvindo o galo cantar

Antes de assumir a diretoria de recursos humanos da indústria de cosméticos da família, Fernanda era funcionária de uma grande empresa do ramo siderúrgico.

A companhia tinha como política o aprimoramento e a reciclagem de todo o seu quadro de pessoal. Era uma grande cliente de empresas de consultoria, habituais vendedoras de pacotes prontos de treinamento e desenvolvimento de pessoas.

No último evento de que participou, Fernanda ficou deslumbrada com o empenho do instrutor e com as teorias apresentadas, em que o ser humano era colocado adiante de todas as coisas. Naquela ocasião, ela descobriu que as pessoas precisam fazer o que mais gostam, que precisam ser estimuladas, que seus sentimentos devem ser considerados nas decisões e que necessitam ser livres para criar.

O instrutor deu vários exemplos de empresas revolucionárias no tratamento de seus colaboradores: na Microsoft, os horários são flexíveis; na Hewlett-Packard, as pessoas têm total autonomia sobre seu trabalho; na Semco, existe um modelo de participação nos resultados para todos os funcionários etc. De tudo o que ouviu, o que Fernanda achou mais romântico e prático foi o fim do relógio de ponto. Justamente o que ela quis implantar na empresa familiar.

O relógio de ponto é o símbolo da relação de desconfiança entre empregador e empregado; também possui a desvantagem de enaltecer a tarefa feita em determinado tempo, e não os resultados produzidos conforme os objetivos. É o símbolo da empresa da era industrial, muito bem representada no filme Tempos Mo-

dernos, de Charles Chaplin, no qual o ser humano era visto e tratado como robô, extensão da máquina. O efeito provocado pela retirada desse ícone da fábrica de cosméticos surpreendeu: foi desastroso.

Com a suspensão do controle de entrada e saída, a anarquia correu solta. Poucos chegavam no horário e muitos voltavam para casa mais cedo. O número de faltas aumentou considera-velmente. A medida foi colocada em xeque pelos demais diretores.

"Mas funcionou em outras empresas!", argumentava Fernanda.

Não adiantou. O pulso de ferro foi reimplantado: horários rígidos, punições, revistas nas saídas, proibição de conversas durante o expediente, valorização da obediência e uso do poder autoritário.

Ora, será que Fernanda começou por onde devia? Ou era apenas autoritarismo disfarçado de paternalismo? Afinal, o modelo pater-nalista de administração é bastante comum na empresa brasileira, tradicionalmente familiar e geralmente dirigida por um líder tido como carismático.

Ambientes desse tipo formam pessoas imaturas, incapazes, de influenciar seu destino e livrar-se de sua desdita. Sempre esperam que alguém resolva seus problemas e, quando livres de determi-nadas imposições, não sabem exatamente qual é sua responsabili-dade, como seria, naquela fábrica, entrar e sair na hora combinada.

A infantilização das pessoas

Na empresa sensível, os sentimentos vêm antes de tudo e devem ser preservados. Existem cuidados extremos com os melindres e com o *status quo*. Ali, as pessoas são importantes, de maneira que o assistencialismo corre solto. O rol de benefícios é imenso: assistência médica, cesta básica, vale-refeição, vale-teatro e tudo o que for necessário para que a pessoa seja feliz... *fora* do local de trabalho.

Internamente, também há muitos cuidados. Afinal, os funcionários precisam se divertir: há grêmios, mesas de pingue-pongue, tabuleiros de damas, baralhos e campeonatos de futebol. O ambiente deve ser agradável: aquários com peixinhos, plantas ornamentais, máquinas de café, potes de biscoitos e guloseimas.

Os treinamentos mais cogitados nessas empresas são aqueles que tratam do estresse e da qualidade de vida no trabalho. "Se as pessoas não estiverem bem consigo mesmas, não conseguirão fazer um bom trabalho" é a crença de seus líderes. Exageram ao acreditar que as empresas estão apenas a serviço dos que lá trabalham.

Ali, os colaboradores não conquistam as recompensas por competência, mas por padrões assistencialistas, portanto não conseguem relacioná-las ao desempenho. Ganhos e benefícios funcionam muito mais como donativos do que como reconhecimento legítimo. Não surpreende, portanto, que o pessoal sempre queira mais e mais privilégios e se irrite quando as reivindicações não são atendidas.

O processo de receber sem se esforçar acaba forjando uma equipe dependente e imatura. As pessoas regridem à infância, ao método de "quem não chora não mama" para ter as necessidades atendidas pelos pais. Nesses moldes, a empresa sensível não desenvolve a autoestima, a autoconfiança e o sentimento de poder dos colaboradores.

Existe um "assembleísmo" constante, onde as pessoas são consultadas em demasia, ocasionando morosidade na tomada de decisões, e a empresa perde agilidade. O líder principal é considerado carismático, por estar sempre disposto, ter ótimas soluções para os problemas e pensar naquilo que nunca ocorreu a ninguém, antes. Em outras palavras, dá o peixe, mas não ensina a pescar.

É bom que se diga que existem bons princípios e intenções, mas, utilizados sem uma visão sistêmica, acabam funcionando como limitadores do desenvolvimento da própria empresa.

Os riscos do "bom" comportamento

"Em boca fechada não entra mosquito" e "o silêncio é de ouro" são condutas que costumam nos ensinar e que se estratificam e repercutem ao longo de nossa vida, inclusive nas atividades profissionais. É uma pena, pois acabam criando comportamentos que tendem a dois extremos: passivos e agressivos.

Quando passivas, as pessoas se recusam a assumir o conflito. Embora seus sentimentos possam ser feridos, por educação ou omissão preferem calar-se. Tal comportamento pode levar a um estado de grande tensão interna e ansiedade, inclinado a evoluir para o estresse ou outros quadros patológicos.

Quem escolhe a atitude passiva confunde assertividade com agressividade. Acredita que expressar sinceridade, dizer a verdade significa ser duro, severo, inflexível com os interlocutores.

Outra explicação para esse tipo de conduta é imaginar que determinadas coisas ficam subentendidas, não precisam ser ditas. De uma forma ou de outra, subutiliza-se o diálogo, que é o melhor remédio para os males do relacionamento.

O comportamento agressivo é o outro extremo. Indivíduos agressivos se vangloriam de "não levar desaforo para casa". Desopilam o próprio fígado sem se importar com o do alheio. Estabelecem duelos a céu aberto. Atingem cruelmente os sentimentos dos outros e criam situações de atrito no trabalho.

Quem opta por tal atitude acredita que a melhor defesa é o ataque e que essa é a melhor maneira de preservar o ego ou então chega ao ponto de ultrapassar, com frequência, o limite da tolerância, a popular "gota d'água".

O ideal é o comportamento assertivo, que tem como base a conversação. Vai além da mera comunicação, pois envolve a defesa dos próprios sentimentos de maneira direta e honesta, sem, contudo, desprezar ou ignorar os dos outros. A assertividade é própria de empresas que gostam de "pessoas gente". É de boa alma.

Fim de festa

"E você, o que está achando da festa?", pergunta Pedreira, o presidente da empresa, enquanto Amarildo, o gerente da fábrica, se serve de uma nova fatia de picanha.

"Mais um ano, mais uma comemoração", comenta Amarildo enquanto pega um pãozinho francês.

"Lembra-se do ano passado? Fizemos aquela churrascada! Tinha até carne de búfalo! É, mas este foi um ano difícil."

"Eu que o diga, 'seu' Pedreira! Trabalhamos demais da conta. As demissões que tivemos de fazer em junho sobrecarregaram a turma que ficou. Todos estão exaustos."

"Foi mesmo um período difícil. A gente precisou de muito esforço para driblar a concorrência, os produtos importados, a taxa de juros, a falta de crédito", continua Pedreira, enquanto olha o pessoal bater bola na quadra. "Por que não estão usando o novo jogo de camisas?"

"Não gostaram da cor nem do logotipo da empresa estampado", comenta Amarildo, servindo-se do chope no copo de plástico.

"Ora, o que mais eles querem? A empresa dá as camisas de presente e é claro que tem o direito de imprimir o logotipo..."

"Acontece que o time deles está formado, tem nome e emblema. Acho que eles gostariam de ter escolhido o modelo da camisa."

"Por mais que se faça, é difícil agradar. Veja esta festa: uma bela churrascada, muito chope... É verdade que sem carne de búfalo, mas olhe só: maionese, refrigerantes à vontade, tamanho família! Daqui a pouco chega o Papai Noel com os brinquedos para as crianças."

"Igual a última", resmunga Amarildo, com certo ar de tédio.

"É que disso eu não abro mão. O ano pode ter sido difícil, mas a nossa festa tem de acontecer. Estamos aqui, como sempre, no meu sítio, fazendo o nosso tradicional churrasco à beira da piscina. Espero que o pessoal seja mais educado e não comece..."

O barulho da água impede que Pedreira termine a frase. Embriagados, uns já empurram outros para dentro da água, com roupa e tudo.

"Ninguém tem mesmo educação, olhe só" – é mais um que cai na piscina, enquanto outro tenta evitar o mesmo destino, subindo no coqueiro de estimação do Pedreira.

"No ano passado teve gente que vomitou na piscina", Amarildo faz questão de recordar, enquanto avista o Cocker da esposa do Pedreira sendo perseguido por um bando de garotos travessos.

"São mesmo ingratos! Estragando uma festança dessa!", Pedreira dá uma olhada geral, procurando alguém. "Amarildo, não estou vendo o Tião da expedição, será que ele não veio?"

"Ele tinha outro compromisso, hoje."

"É, acho que o Tião não veste a camisa da empresa...", Pedreira resmunga enquanto continua procurando com o olhar. "E a Anália, de contas a receber?"

"Ela não gosta de churrasco, o senhor já sabe..."

"É difícil agradar a todos. Acho que a Anália também não está vestindo a camisa da empresa. É, parece que vamos ter problemas..."

E assim passa o domingo, ao som do pagode, na tradicional e típica festa de fim do ano no sítio do Pedreira.

A frustração que surge nos líderes das empresas sensíveis é expressa na frase "Fiz tudo o que podia por eles e os ingratos não reconheceram..."

Sim, tudo foi dado com a melhor das intenções, menos o direito de ser gente e de fazer aquilo que os seres humanos adoram quando estão em contato com sua energia suprema: sonhar, criar, realizar, alegrar-se. É isso que o Pedreira ainda não aprendeu: "Gente é para brilhar..."

Vivendo com a alma alheia

Algumas empresas brasileiras têm mania de considerar verdade absoluta tudo o que vem de fora. Teoria Z, *empowerment*, *downsizing*, *benchmarking*, *endomarketing*, CCQ, *kaizen*, TQC, *just-in-time*, *kanban*, KT, zero-defeito, neurolinguística, reengenharia, 5S são alguns dos conceitos introduzidos a torto e a direito, sem levar em conta a alma de cada empresa.

Uma pesquisa revelou que 70% desses programas importados não funcionam no Brasil. Alguns foram introduzidos nas empresas a partir da qualidade do processo (geralmente monitorados por engenheiros de produção); outros, através do atendimento dos quesitos dos clientes (geralmente monitorados por profissionais de marketing); outros ainda pelas especificações técnicas do produto (geralmente monitorados por técnicos industriais).

Temos poucas notícias de programas iniciados com qualidade pessoal, atuando em primeira instância no nível de consciência das pessoas. Todos, no entanto, cometem um erro comum: alta visão analítica do problema específico, mas baixa visão sistêmica do que seja uma empresa e suas várias relações. Negligenciam a cultura da empresa, tratam do acessório e desprezam a essência. Fortalecem provisoriamente o corpo, mas debilitam a alma, que cuida da preservação cultural da empresa.

Teorias e outros conceitos da moderna administração só funcionarão se forem considerados todos os elementos da tríade corpo, mente e alma.

INTERLÚDIO

O líder com visão sistêmica

Há de ser gerente. Alguém que saiba administrar recursos, sejam físicos, produtivos, tecnológicos ou financeiros. Como bom gerente, deve ter boas respostas para uma série de perguntas: quanto a empresa faturou no ano passado? Neste momento, em comparação ao mesmo mês do ano anterior, a quantas anda o volume de vendas? Estão em declínio, em crescimento ou permanecem estabilizadas? Seja qual for a situação, quais são as razões que explicam as oscilações nos resultados? E a margem de lucro? Está em alta ou em baixa? Quais são as causas desse movimento? E os estoques? Estão girando mais ou menos, se comparados com o mesmo período do ano anterior? Por quê? E a geração de caixa, como vai? Existem superávits ou déficits? Por quê? E a expansão, é uma realidade ou o que se observa é uma permanência há muito no mesmo, imutável patamar? Quais são as previsões? Afinal, o que fazer para que a empresa ganhe mais dinheiro nos próximos sessenta ou noventa dias?

O bom gerente é pragmático. Por isso, preocupa-se muito com a produtividade. Evita o desperdício, seja de materiais, de tempo ou de dinheiro. Empenha-se em tornar os processos de trabalho mais ágeis, eficientes e enxutos. Procura resolver as dificuldades e barreiras. Para isso, investiga suas causas e razões.

Um bom gerente é um eficaz resolvedor. Gosta de problemas e de resolvê-los. Pensa no que é lógico. E em verbos como classificar, comparar, determinar, avaliar, medir, organizar, controlar. Valoriza as coisas úteis. E, por isso, ele também é muito útil às empresas. Mas, se o líder dependesse apenas dessa faceta, não conseguiria exercer uma liderança plena.

Para exercer uma liderança plena há de ser, também, empreendedor.

Do lógico ao lúdico

O empreendedor sabe olhar para o mercado e consegue ler suas entrelinhas. É justamente nelas que se encontram as oportunidades. Vislumbra as tendências, ao mesmo tempo em que pensa negócios. Para ele, é um exercício de imaginação e de intuição. Assim, os verbos mais importantes do empreendedor são desvendar, desbravar, descobrir. A começar pelo cliente e suas necessidades.

O empreendedor é ligado no cliente. Não qualquer cliente, mas aquele para o qual resolveu direcionar as competências do negócio.

Para o bom empreendedor, o cliente é mais do que a razão da existência do negócio. Tem consciência de que o cliente é um parceiro. Sem ele não haveria negócio e o gerente não teria o que administrar. Sabe, ainda, que deve manter uma relação estreita com o cliente e não apenas comercial, mas também emocional. Tem paixão por resolver o problema do cliente, superar suas expectativas, fazê-lo feliz.

O bom empreendedor tem certeza de que estará por muito tempo com o cliente. É ele quem conduzirá seu negócio para o futuro. Não por acaso, tem tanto interesse nos resultados de seu cliente como nos de seu próprio negócio. E reconhece que seu empreendimento só será promissor se houver uma grande confiança no cliente e vice-versa.

No frigir dos ovos, o bom empreendedor sabe que a fonte da reputação de sua empresa está nas mãos do cliente. E não existe campanha de marketing que supere essa verdade. O cliente é, portanto, seu profissional de marketing número 1, sua mais importante "equipe de vendas".

Enquanto o gerente busca a produtividade, pensa o lógico e valoriza o útil, o empreendedor busca a criatividade, visualiza o lúdico e valoriza o belo. Enquanto um mantém a cabeça nas nuvens, o outro finca os pés na terra. São duas facetas importantes da liderança. Mas ainda não formam um líder pleno.

A conexão humana

Boa parte das vezes, tanto o gerente como o empreendedor, isoladamente, desconhecem o que faz o resultado. O primeiro acredita na otimização dos recursos e dos processos. O segundo, na inovação proveniente das ideias e dos negócios. O que ambos costumam esquecer é que os resultados são feitos pelas pessoas que fazem o trabalho. E é aí que surge a figura do gestor, a terceira faceta da liderança plena.

O gestor integra os dois polos: o mundo do gerente e o mundo do empreendedor. Busca uma relação harmoniosa entre o útil e o belo. Aos dois, integra o humano. Com isso, as coisas – não as pessoas – têm valor de uso. As coisas podem ser usadas, mas as pessoas não.

Produtos e serviços são levados ao mercado e valorizados por seu design, pela aparência atrativa. É o valor de troca. Algo que se aplica a produtos e serviços, não às pessoas. Em suma, pessoas não são coisas nem produtos. Não estão à venda.

É o gestor que abre espaço para as emoções, os valores e as virtudes. É ele quem fará da empresa um lugar em que haja vida, um habitat humano, onde todos possam exercer seus dons e talentos, expressar livremente seus pensamentos e sentimentos e, sobretudo, viver seus valores.

É o gestor que oferece condições para que as potencialidades humanas se transformem em competências. E para que essas sirvam às competências do negócio, enquanto produzem resultados.

Para o gestor, os resultados da empresa decorrem de uma equipe comprometida, capaz de manter o cliente fidelizado.

Enquanto o gerente administra a empresa e o empreendedor desenvolve o negócio, o gestor constrói uma obra. Não uma obra qualquer, mas uma obra coletiva.

A tarefa do gestor é projetar e dar vida a uma comunidade de trabalho que sirva à alma de todos os envolvidos: clientes, colaboradores, fornecedores, investidores. A maior contribuição do gestor é trazer significado ao negócio e a todos os envolvidos.

O líder pleno

O gerente administra a empresa, o empreendedor desenvolve o negócio, o gestor integra as pessoas. Enquanto o gerente busca o que funciona e o empreendedor, o que agrega valor, o gestor procura o que verdadeiramente importa. É na confluência dessas buscas que se constrói uma liderança plena, feita de corpo, mente e alma. Dessa liderança plena surgirão, também, empresas de corpo, mente e alma, legados éticos, humanos e prósperos que formam a Nova Economia.

2

A EMPRESA PLENA

Na primeira parte do livro, vimos as principais anomalias e disfunções da empresa-objeto, da desnorteada e da sensível. Observamos o mau aproveitamento do corpo, da mente e da alma de uma empresa. E analisamos a empresa no avesso.

Agora é hora de conhecer a que faz bom uso do corpo, da mente e da alma, a *empresa plena*.

Trata-se de um organismo vivo e dinâmico, com os seus próprios mecanismos de auto-organização e controle. Essa compreensão só será possível, no entanto, se antes o líder for capaz de reconhecer em si mesmo as três facetas da liderança vistas no Interlúdio que precede essa segunda parte do livro: a gerência, o empreendedorismo, a gestão.

Vejamos como as qualidades do líder repercutem na obra.

4 A TRÍADE CORPO, MENTE E ALMA

Organismo vivo

Um dos maiores impedimentos ao sucesso de uma empresa é não compreendê-la como um organismo vivo, dinâmico, inteiro e em permanente necessidade de desenvolver a tríade corpo, mente e alma.

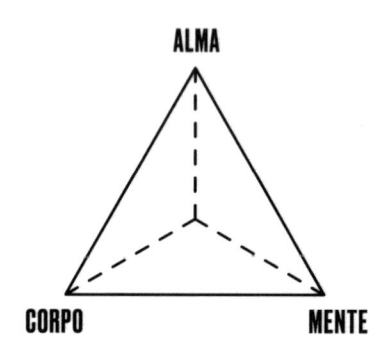

Vamos recapitular e ampliar: entenda-se por corpo aquilo que ocupa a maior parte do dia a dia da empresa: produtos e serviços, estoques, vendas, duplicatas, caixa, lucro ou prejuízo. É a parte física e tangível, formada por recursos e processos, materiais e controles. O corpo é a parte que *faz* e, quando mal utilizada, caracteriza a empresa-objeto.

Como mente devemos considerar a dimensão estratégica e mais filosófica da empresa, traduzida em sua razão de ser, em sua definição de negócio, em seus diferenciais e competências, na compreensão das necessidades dos clientes, das tendências de mercado e das oportunidades. A mente é a parte que *pensa* e, quando mal aplicada, cria mais confusão do que direção, daí receber a denominação de empresa desnorteada.

A alma é a dimensão da tríade que faz lembrar que toda empresa é uma comunidade constituída de pessoas e, portanto, tem identidade e cultura próprias. Nesse sentido, a qualidade dos relacionamentos, a motivação, a comunicação e o trabalho de equipe formam a alma da empresa. É a parte que *sente*, mas quando esses sentimentos são mal aproveitados podemos chamá-la de empresa sensível.

A empresa-objeto, que usa em demasia o corpo e negligencia a mente e a alma, ainda assim consegue ser circunstancialmente próspera, sobretudo para aqueles que acreditam que o principal medidor do sucesso é o caixa.

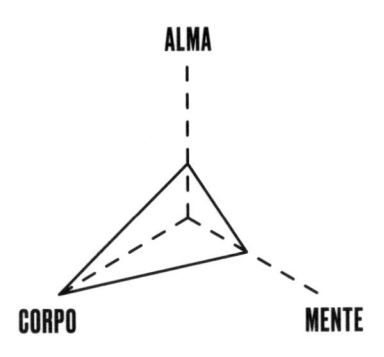

O principal interesse da empresa-objeto é o faturamento, o fluxo de caixa, não importando se a relação com o mercado é consistente e, muito menos, se o grau de satisfação das pessoas é bom ou não. É, sem dúvida, a característica da maioria das empresas existentes, algumas de sucesso rápido, outras de fracasso precoce, em geral todas muito enfadonhas e desestimulantes por ignorar outros elementos da tríade.

Isso não significa que a empresa-objeto evite pensar ou seja desprovida de estratégias e planos. Acontece que, entre o jogo de boliche e o de xadrez, a empresa-objeto opta pelo primeiro: atua mais em nível tático-operacional do que estratégico. O imediatismo prevalece sobre qualquer planejamento de médio ou de longo prazo.

Também não quer dizer que a empresa-objeto seja isenta de sentimentos. Claro que não! Eles estão presentes, mas normalmente ficam abafados, quando a regra primordial é "resultados financeiros acima de tudo!".

A empresa desnorteada, por sua vez, prioriza a mente e relega a segundo plano o corpo e a alma. Consegue ter sucesso até certo ponto, mas passa a ter problemas quando começa a crescer. É bem-sucedida quando surpreende o mercado com produtos e serviços realmente inovadores.

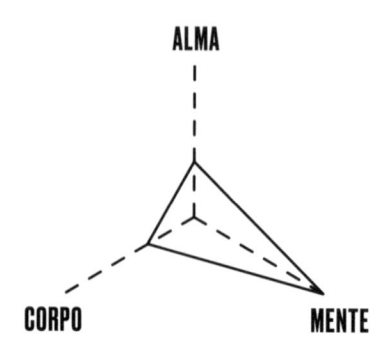

Formada por pessoas empreendedoras, visionárias e com capacidade de perceber as tendências e as oportunidades do mercado, a empresa desnorteada costuma estagnar ou sucumbir quando surge a necessidade de maior organização e controle e de formação de equipes. Para que seu sucesso seja permanente, falta-lhe corpo e alma. A ausência desses elementos transforma empreendedores em sonhadores e empreendimentos geniais em pesadelos empresariais.

As tarefas operacionais nem sempre são valorizadas na empresa desnorteada. O que conta são as "sacadas", o *insight*, a competição acima de tudo.

A empresa sensível é aquela em que a alma predomina sobre o corpo e a mente. A qualidade dos relacionamentos, o bem-estar interno, o espírito de equipe, tudo conta mais que os resultados e até que a vontade do cliente.

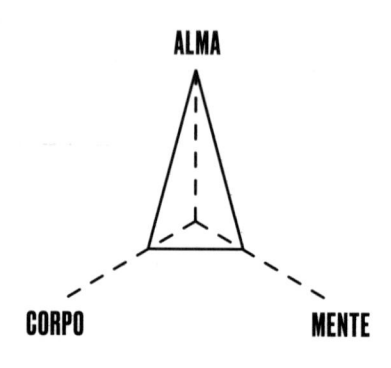

No conflito entre um cliente e um funcionário, o funcionário sempre tem razão. É considerado o principal patrimônio da empresa. Tamanho exagero a transformar em verdadeira confraria.

Na empresa-sensível, as dimensões corpo e mente não são valorizadas. Pensar em processos que atendam melhor ao cliente não é prioridade.

O sucesso depende do equilíbrio entre os três elementos, corpo, mente e alma, somente alcançado na empresa plena. A predominância exagerada de um deles e a consequente pouca atenção dada aos demais causam disfunções organizacionais e administrativas.

Na empresa plena esse equilíbrio cria um ciclo vital e de autorreforço, em que as principais resultantes de cada ponta do triângulo (realização, fidelização e comprometimento) potencializam as outras, e assim sucessivamente.

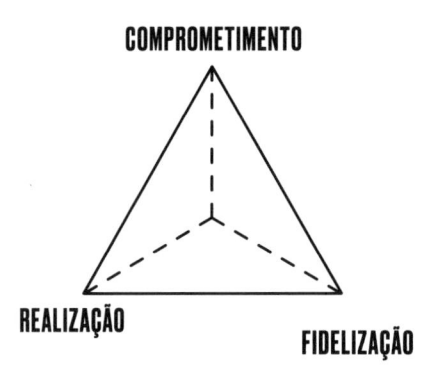

Equilíbrio e polaridade

Podemos dizer que a empresa plena se fundamenta em duas premissas: equilíbrio e polaridade.

A *premissa do equilíbrio* determina que as pontas do triângulo que representam a empresa plena são igualmente importantes e qualquer discrepância entre elas cria as disfunções organizacionais que impedem o sucesso.

Em estado de equilíbrio, as forças do corpo, da mente e da alma possuem a mesma magnitude. É provável que em situação estática tal equilíbrio seja utópico, mas através das forças isodinâmicas ele é possível e pode ser representado por um triângulo equilátero.

Justamente por causa do equilíbrio isodinâmico, a empresa plena não é uma instituição acabada e está sempre em mutação. Este processo contínuo de mudança é uma das características positivas que a situam como empresa típica dos novos tempos: uma empresa que aprende.

A *premissa da polaridade* determina que uma força mais ou menos acentuada afete as demais forças do sistema.

Isso significa que numa empresa em que a força *corpo* predomina em demasia, as demais perdem o vigor, o que prejudica a vitalidade da tríade. Se uma resultante da ponta do triângulo revitaliza a outra por um processo de autorreforço, o inverso também é verdadeiro.

Um exemplo: o comprometimento contribui para que a empresa atue de maneira diferenciada no mercado, o que, por sua vez, gera resultados. Por outro lado, a ruptura do aspecto *alma* provocará perda de comprometimento, que pode causar evasão de clientes, e isso, por sua vez, afetará negativamente os resultados. Existe, portanto, o efeito perverso, em que o triângulo se retrai em vez de se desenvolver, como reza a premissa do equilíbrio.

Em busca do equilíbrio

O equilíbrio não ocorre por acaso: a empresa plena é proveniente de visão sistêmica, diagnóstico acurado e ação gerencial. Uma empresa possui três grandes sistemas que se retroalimentam:

SISTEMA DE PERCEPÇÃO → **SISTEMA DE DECISÃO** → **SISTEMA DE AÇÃO** →

O sistema de percepção age como *input* do sistema de decisão, e este, por sua vez, age como *input* do sistema de ação; o sistema de ação é *input* do sistema de percepção, e assim sucessivamente. As falhas de um deles têm impacto negativo na qualidade do funcionamento da empresa como um todo.

Vejamos como isso se dá. O sistema de percepção abastece e municia o sistema de decisão. A indecisão é proveniente de uma percepção ainda parcial, ou seja, falta de visão do todo. Quanto mais ampla a percepção, tanto melhor a decisão. Podemos concluir que a qualidade das decisões tem relação direta com a qualidade das percepções. E a qualidade das ações, consequentemente, é decorrente da qualidade das decisões.

Qualquer processo de solução de problemas visto isoladamente apresenta falhas, uma vez que não contempla todo o sistema.

Na empresa voltada para o *corpo* os problemas são tratados apenas com base em indicadores de desempenho internos, quase sempre econômico-financeiros, não disponibilizados para todas as pessoas. Nesse caso, o diagnóstico é feito somente pelo principal líder ou por alguns chefes, os mesmos que prescrevem as soluções. O grande risco é o da inércia, pois as pessoas não se dispõem a apoiar decisões das quais não participaram.

Na empresa voltada para a *mente*, os problemas são tratados apenas como decorrentes do ambiente externo, e por isso os indicadores utilizados (muitas vezes sem muita consistência) são aqueles que denominamos de mercado (concorrência, clientes etc.).

O processo de solução de problemas nesse tipo de empresa assemelha-se ao da empresa voltada para o *corpo*, pois as prescrições também partem do principal líder, sem compartilhamento com os demais envolvidos. O risco, no entanto, costuma ser outro: a resistência. Isso porque, nesse tipo de empresa, as decisões sugerem mudanças efetivas, diferentemente do que ocorre na empresa voltada para o corpo, em que geralmente as propostas de otimização não implicam mudanças contundentes.

Na empresa voltada para a *alma*, os problemas são vistos como decorrentes do clima interno, que mede o grau de motivação das pessoas. O processo de solução de problemas, desta vez mais compartilhado, pode trazer o risco de rejeições e reivindicações despropositadas, uma vez que a ausência dos demais indicadores impede que se tenha um quadro mais completo e preciso das reais dificuldades existentes. Quando sentem o sapato apertar, sem saber por que, os funcionários podem simplesmente debruçar-se no muro das lamentações, sem uma real perspectiva de correção.

Vejamos, por fim, como cada parte da tríade utiliza, isoladamente, o sistema de ação:

Na empresa voltada para o *corpo*, os indicadores de desempenho permitem resolver apenas os problemas visíveis, muitas vezes sem o diagnóstico profundo de suas causas.

Na empresa voltada para a *mente*, os indicadores de mercado permitem investigar melhor as causas. Se, por exemplo, o problema for a queda de vendas, os motivos podem ser a entrada de um novo concorrente ou a introdução de um diferencial competitivo.

Na empresa voltada para a *alma*, é possível identificar problemas e causas nem sempre visíveis, geralmente expressos em sentimentos nem sempre declarados. Ainda assim, ela falha em não tratar de outros problemas e causas anunciados pelos indicadores de desempenho e de mercado.

Vejamos como a empresa plena, com seus dois princípios, equilíbrio e polaridade, pode aproveitar e potencializar a empresa como um todo através dos três sistemas interativos:

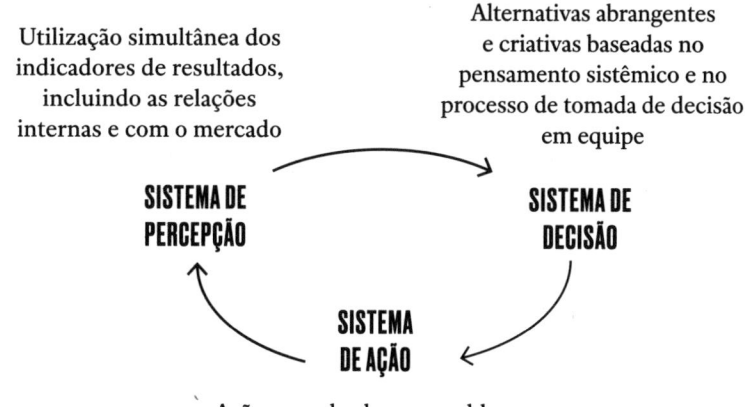

Utilização simultânea dos indicadores de resultados, incluindo as relações internas e com o mercado

Alternativas abrangentes e criativas baseadas no pensamento sistêmico e no processo de tomada de decisão em equipe

SISTEMA DE PERCEPÇÃO

SISTEMA DE DECISÃO

SISTEMA DE AÇÃO

Ação grupal sobre os problemas e as razões que explicam suas verdadeiras causas (visíveis ou não)

A empresa plena não é isenta de problemas. Eles fazem parte da realidade empresarial e, quando tratados com bom nível de consciência e competência, contribuem para o desenvolvimento do empreendimento e das pessoas a ele dedicadas.

As premissas do equilíbrio e da polaridade fazem com que a tríade seja mais bem utilizada em cada subsistema do sistema empresa. Nesse sentido, podemos concluir dizendo que a empresa plena utiliza melhor os sistemas de percepção, de decisão e de ação. Assim, torna-se mais plena; quanto mais plena, melhor o uso da tríade e assim por diante.

Até onde e até quando?

A importância está em seguir adiante. Como dizia o poeta espanhol Antonio Machado: "Caminhante, não há caminho; o caminho se faz ao andar!" Melhor do que chegar é andar, proveitosa, agradável e alegremente.

5 A EMPRESA EM EQUILÍBRIO

A bússola que faltava

A Fabitec, construtora situada na zona norte de São Paulo, foi herdada por três irmãos: Edson e Ricardo, engenheiros, e Nádia, que cursa administração de empresas.

A empresa constrói edifícios residenciais para a classe média, e os irmãos têm um projeto de novo lançamento. Sinto, porém, que estão desesperançosos, durante uma reunião realizada em sua sede.

"Este é o pior ramo da economia", reclama Edson, o mais velho. "Foi uma péssima herança que nosso pai nos deixou. As pessoas estão sem dinheiro, não existem linhas de financiamento atrativas, a construção civil está parada."

"Como se não bastasse, os custos só aumentam", completa Ricardo.

"Tentamos um programa de qualidade para evitar desperdício, mas a mão de obra é tão ruim que não consegue assimilar os conceitos. Não sei se você sabe", ele me informa, "a construção civil lida com trabalhadores egressos da prisão. Sem preparo."

"Não tem jeito", concorda Edson, queixando-se especialmente do extremo desperdício. "Na construção civil, perde-se um prédio a cada três construídos."

"Nosso fluxo de caixa está apertado", acrescenta Nádia. "Será difícil prosseguir com o cronograma da obra."

Escuto atento, impressionado com a força dos paradigmas: "As pessoas estão sem dinheiro", "A mão de obra é pós-carcerária", "Não tem jeito", "Gasta-se um prédio a cada três construídos". Como evoluir diante dessas crenças?

Sugiro uma primeira sessão de trabalho, com a presença dos três líderes, dos encarregados de obras e das chefias de escritório. O encontro, realizado fora da empresa, não tem tema definido, mas meu objetivo é claro: romper com os paradigmas que criam bloqueios aparentemente intransponíveis, evitando que a empresa prossiga com um modelo mental de insucesso.

Damos início ao que costumo chamar de aprendizado em equipe. Buscamos elementos para arejar as mentes, para podermos elaborar um cenário futuro da construção civil.

Para começar, fazemos projeções sobre o futuro, na tentativa de perceber as tendências e os principais vetores de mudança do ambiente externo. Acrescentamos informações do cenário brasileiro e, mais especificamente, do setor de construção civil. As discussões servem para questionar os paradigmas que os herdeiros criaram e lançá-los em uma viagem fora da empresa.

Delineamos alguns cenários e agendamos outros encontros. A viagem mal começa, mas o grupo está com novo ânimo.

Na reunião seguinte, o grupo está animado e vive aquele estágio de criatividade que denomino de iluminação. É hora de livrar os irmãos da crença de que "constroem prédios". É uma concepção que não vale nada para o cliente. É necessário elaborar uma definição de negócio grandiosa.

O exercício de definição de negócio em equipe é energizante. Propicia imenso aprendizado. Ajusta os modelos mentais. Cria uma visão compartilhada. Para chegar a ela, é necessário discutir quem é o cliente e quais são suas necessidades. Muitos pensam que tal definição está subentendida e que não vale a pena gastar tempo discutindo o óbvio. Acredito no contrário: muitas empresas fracassam por não discutir o óbvio.

A definição de negócio é algo parecido com: "Construir os sonhos de conforto e bem-viver de nossos clientes". Apaixonante, grandiosa, oferece aquilo que o cliente de fato deseja: ambiência, conforto, felicidade. Mais importante do que a definição de negócio traduzida em uma frase é o processo de sua elaboração. É aí que se dá início à conscientização, quesito fundamental para que a empresa comece a mudar.

Esse processo inspira alguns diferenciais que passam pelo atendimento, mas principalmente pela forma de vender. Os irmãos concluem que o negócio que estão oferecendo não pode ser vendido tradicionalmente, com a entrega de folhetos em semáforos nas esquinas próximas a cada empreendimento. Isso faria com que a definição de seu negócio se assemelhasse à dos demais, que era construir prédios residenciais. Surge, então, a proposta de convidar vários clientes-alvo para uma estada em um hotel de lazer próximo da capital. Concretizada, mostra-se uma estratégia marcante de imagem e um sucesso de vendas. Mas o mais importante é que a empresa está mudando: o corpo cria contornos saudáveis.

Embora o clima entre os participantes das reuniões esteja muito bom e a qualidade das decisões também, sei que os alicerces ainda não estão solidamente fixados. Afinal, criou-se uma definição de negócio de grandeza, e isso facilitou as vendas das unidades a bom preço. É preciso, portanto, entregar o que foi vendido dentro do padrão de qualidade prometido.

A mente havia sido bem explorada. Mas e a alma? O que fazer quando se acredita que se conta com a pior mão de obra do mercado? Ora, romper tal crença!

"Vocês acham mesmo que as pessoas são incompetentes?", provoco em uma próxima vez.

"Acho, sim", responde imediatamente Nádia. "Há pessoas que erram de propósito, só para sacanear o patrão."

"Claro que são. Não têm estudo, escolaridade, cultura", completa Edson. "E não podia ser diferente: o que fazer quando o salário acaba aí pelo dia 20 de cada mês?"

"E por que vocês pagam tão pouco?", pergunto. "Na construção civil é assim", afirma Ricardo, contundente.

"Muito bem, na construção civil é assim, mas em uma empresa que está disposta a construir os sonhos de conforto e bem-viver de seus clientes deveria ser? Parece que estamos em um negócio que vale mais. A mão de obra também não deveria valer mais?", questiono.

A reação é um silêncio cheio de interrogações. Eles me olham e se olham. A construção civil trabalha com o paradigma de que é preciso pagar pouco às pessoas. A maioria das empresas desse ramo não conhece suas margens de lucro. São, geralmente, ele-

vadas. Ainda assim mantêm a crença de que os salários devem ser os menores possíveis.

Mais um passo positivo. Melhorar a remuneração do pessoal. Mas eu sei muito bem que isso ainda não daria alma à empresa. A alma vai muito além e começa pela mudança de modelo mental com relação às pessoas. Afinal, qual é o tratamento que recebem os pós-carcerários? Que a resposta fique por conta da imaginação do leitor.

"Gostaria de voltar àquela questão: vocês acham que as pessoas são mesmo incompetentes? A criatividade é um componente da competência. Vocês acham que as pessoas não são criativas?" Rabisco uma linha reta numa folha e a graduo, como se fosse uma régua:

Peço que cada um dos participantes assinale onde julga que se situa na reta. Solicito, depois, que indiquem a posição em que julgam estar seus colaboradores.

Sem exceção, os líderes estão sempre à direita dos colaboradores, ou seja, consideram-se mais criativos e os colaboradores, mais reativos.

É aí que está a razão do problema. Ao nos examinar somos benevolentes; ao analisar os outros, depreciativos. Julgamos ser competentes e criativos, exatamente o contrário de nossos funcionários. Como acreditamos nisso, agimos de acordo com nossas crenças. O pior é que essas crenças acabam se realizando e se fortalecendo. Se trato um funcionário como incompetente, recebo em troca trabalho incompetente. É um círculo vicioso negativo em que ajo segundo minhas crenças e a reação dos outros as fortalece, influenciando assim – e negativamente – minhas ações futuras."

Quebro o silêncio para fazer uma pergunta: "Vocês acham mesmo que as pessoas saem de casa com o intuito de errar, de fazer o pior? 'Ah! Hoje vou ao trabalho mostrar toda a minha incompetência.' Acreditam, de fato, nisso?"

Eles finalmente parecem ver alguma lógica nesses argumentos. Concordam e, por concordar, ajustam seus modelos mentais e a maneira de ver as pessoas.

Considerar as pessoas competentes e criativas é o primeiro passo para tratá-las como gente. E, também, o primeiro passo para dar alma à empresa. É o início de um processo para transformá-los em verdadeiros líderes.

As sessões continuam, com a novidade de que, entre uma e outra, todo mundo agora é consultado em assuntos pertinentes; também são informados de todas as decisões. A Fabitec capitaliza positivamente o aprendizado em equipe. Com boas vendas, a empresa desfruta de boa imagem no mercado, as pessoas estão mais comprometidas e motivadas, tudo corre bem.

E o corpo? É o momento de implantar um bom medidor de desempenho. Não adianta correr atrás do desempenho, se não há um padrão predeterminado. O fluxo de caixa de Nádia não é suficiente para uma boa administração financeira e de resultados. É necessário implantar um Balanço CMA, com indicadores de desempenho de corpo, mente e alma.

A Fabitec era uma embarcação que sabia aonde queria chegar, a tripulação estava disposta a fazer o percurso, mas faltava a bússola. Com bússola, tripulação e destino, resta navegar... aos portos almejados.

Vida no trabalho

A empresa é formada por processos, estrutura, métodos e procedimentos. E, também, produtos, clientes e mercados. E, ainda, sentimentos e emoções. O intercâmbio sinérgico desses elementos constitui a empresa plena.

Seus líderes estão empenhados em fazer com que as pessoas sintam que a empresa também é delas. Conseguem isso através de uma visão compartilhada do empreendimento. Fica mais fácil entender o negócio, a finalidade dos produtos e serviços, a concorrência, o mercado, o cliente.

A empresa plena começa na necessidade de um cliente e termina por satisfazê-lo. Para que isso aconteça, é imprescindível ter pessoas conscientes desse processo e comprometidas com ele. Implica compreender que a educação para o trabalho não visa à dependência nem à independência; o aprendizado é voltado para a interdependência.

Todos compreendem que é o cliente quem paga as contas da empresa, inclusive a folha de pagamento. O verdadeiro patrão, portanto, é o cliente; o líder, apenas o colaborador-mor. Não se ignora a queixa de um cliente. Ela não deve levar à busca do culpado de uma deficiência administrativa; significa, isso sim, a oportunidade de aprimorar produtos e serviços. Obviamente, desde que considerada e sanada.

Se o cliente é quem paga a conta, o melhor é mantê-lo satisfeito. Não é questão de discutir se ele tem sempre razão, mesmo. O cliente, de acordo com o *foco* escolhido, quando bem informado (e é dever da empresa mantê-lo assim), tem sempre razão e ponto final. Com esse nível de consciência, as pessoas preferem unir-se para satisfazer o cliente antes que a equipe do concorrente o faça.

Trabalhar junto não é apenas uma decisão pessoal, decorrente de objetivos comuns. É verdade que a primeira premissa do trabalho de equipe é ter objetivos compartilhados. A mente ajuda muito nesse aspecto com a visão estratégica, mas só isso não é suficiente. É necessário que as pessoas se respeitem. Mas como apreciar-se mutuamente, em um lugar hostil por causa da luta pela sobrevivência e da concorrência acirrada? Aí entra a alma. Somente a alma é capaz de lidar, de forma proveitosa, com as turbulências do dia a dia.

A alma cuida dos sentimentos; mais do que isso, tira proveito das emoções para que as pessoas fiquem mais unidas e com maior disposição de contribuir com ideias, através de seu talento criativo. Enquanto a empresa-objeto e a empresa desnorteada veem nas emoções um estorvo, a empresa plena as considera o insumo principal do comprometimento e da criatividade. Apenas pessoas comprometidas estão dispostas a brigar abertamente por suas ideias. E o comprometimento é uma energia emocional.

Por isso, a alma precisa ser cuidada. O estoque de rancor tem de ser desovado periodicamente. É isso que a empresa plena sabe muito bem: fazer com que as pessoas conversem de maneira desarmada, espontânea, com respeito mútuo, assertivamente, criticando e elogiando comportamentos, sem avaliar nem julgar os outros.

Não se trata de amordaçar a raiva nem de incubar os rancores. Eles são próprios da natureza humana e o ambiente de trabalho não deve tolhê-los. Ao contrário, deve-se dar espaço para que sejam tratados de maneira transparente. Engana-se quem pensa que a empresa plena é isenta de conflitos. É possível que – aparentemente – haja menos conflitos na empresa-objeto e na empresa desnorteada, uma vez que os rancores são reprimidos e as raivas empurradas para baixo do tapete.

O escritor e dramaturgo Nelson Rodrigues dizia que "a unanimidade é burra". Se todos estão de acordo, é sinal de que algo está errado. A divergência é salutar para que surja a melhor ideia ou a melhor alternativa de solução. Os líderes das empresas plenas sabem que o conflito é da natureza das relações humanas e dele advém a criatividade.

Ao contrário do que os líderes da empresa-objeto e da empresa desnorteada acreditam, os objetivos pessoais e organizacionais não se antagonizam. São compatíveis, na empresa plena. As pessoas, por suas necessidades, sentem-se dispostas a apoiar os objetivos da empresa; as lideranças desta, por sua vez, sentem-se motivadas a dar condições para que as necessidades das pessoas sejam atendidas.

Um dos pontos fortes da empresa plena é a existência de muita conversa (não confundir com blábláblás e excesso de reuniões improdutivas). Os colaboradores falam das estratégias, dos resultados e de si mesmos.

Na empresa plena, os números são disponibilizados para quem precisa, em vez de tratados de maneira sigilosa, pela diretoria, como acontece com os outros modelos. A empresa plena adota a administração do livro aberto, de maneira que todos têm pleno conhecimento do que acontece com seus esforços. O empenho se traduz em indicadores de desempenho, e estes alimentam o sistema de recompensa. É comum, na empresa plena, os colaboradores participarem dos resultados daquilo que contribuíram para realizar.

A empresa plena se destacará em cada mercado que atuar, independentemente do sistema econômico e das regras em vigor. Nada conseguirá deter a junção de forças advindas do corpo, da mente e da alma.

A EMPRESA PLENA NA PRÁTICA

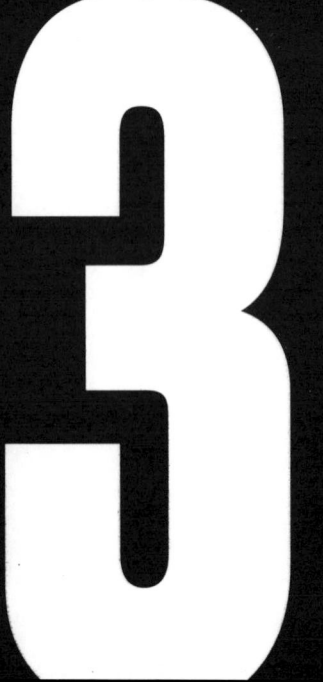

3

Esta terceira parte é um guia para que você possa desenvolver o corpo, a mente e a alma de sua empresa. O primeiro desafio é torná-la plena; o seguinte é mantê-la plena.

Começaremos pela mente. Afinal, uma empresa é, sobretudo, uma ideia que se transformou em negócio. Voltemos, pois, ao seu gene, à sua origem, ao que explica sua existência, sua razão de ser.

Depois, vamos à alma. Uma ideia se transforma em um bom negócio quando existem disposição e determinação para cumprir essa meta. Se a mente oferece a ideia, a alma garante a energia necessária para fazer a ideia funcionar.

Ideia e energia são fundamentais, mas insuficientes para fazer uma empresa prosperar. É preciso um corpo que organize, crie processos eficazes, introduza controles gerenciais e indicadores de desempenho que sinalizem os progressos e os insucessos.

No capítulo 9, você será capaz de reconhecer uma empresa plena em funcionamento. Que sirva de referência, desafio e incentivo.

6 A MENTE

Levando o cérebro para passear

Esse título é inspirado em Thomas Edison, para quem "o propósito do corpo é levar o cérebro para passear". A mente é a parte da tríade que garante o futuro da empresa. Ela dá rumo, direção, destino, sentido e assegura a longevidade.

O fato é que produtos, estruturas organizacionais e outros componentes do conjunto e que fizeram sucesso no passado não são mais garantias de êxito futuro. É por falta de mente que muitas empresas de corpos esbeltos sucumbiram, para surpresa de seus líderes.

A mente é responsável por definir o foco, o cliente que será atendido, as alternativas de produtos, os serviços e os diferenciais. Não sem antes avaliar as tendências ambientais. A empresa precisa adaptar-se ao espaço em que atua, hoje e no futuro. Não é modernismo nem modismo: trata-se de uma questão de permanência.

Construindo cenários

Muitas vezes o presente se enche de problemas. Não raro, ficamos que nem baratas tontas, dando voltas ao redor dessas dificuldades. Então é hora de fazer uma viagem para o futuro.

Construir um cenário é desenhar, com a equipe, essa gravura do porvir. A inspiração vem dos estudos de tendências, informações disponíveis para todos, com a ajuda da internet e outros meios especializados. Mas o futuro não se restringe a essas análises racionais. É feito também de sonhos, intuição e imaginação.

O importante, na construção de um cenário, é a criação de um contexto, em que pensamentos, ideias e aprendizados acontecem. Sim, porque a mente sempre procura o contexto para dele extrair o significado. E o significado é o que inspira as decisões e dá motivo às ações.

Construir cenários não é predição nem adivinhação. Especula-se a respeito de desdobramentos futuros, mas o certo é que provavelmente nenhum deles acontecerá. Exercício inútil, portanto? Nada disso! Exercício salutar, que faz com que nos tornemos mais profundamente conscientes das forças que atuam sobre nós, no presente. Sabemos que um exercício de cenário é bem-sucedido quando sentimos mudanças repentinas de percepção. É o que denominamos de salto quântico.

A construção de cenários envolve a visita a três ambientes, a saber:

1. Zona de monitoração: o conjunto de informações e tendências mais próximas e que permitem um maior domínio;
2. Zona de influência: aquela em que é possível exercer certo poder;
3. Zona de informação: aquela em que não se pode exercer nenhum domínio e influência, mas sobre a qual é preciso manter-se informado.

Portanto, não importa quão verossímil ou inverossímil cada história sobre o futuro possa ser. O que vale é se ela coloca luz no nosso presente. E nos torna conscientes das possibilidades de que dispomos.

A arte de ajustar percepções

A mente gosta de fazer previsões. Não propriamente exercícios de futurologia. Não nos cabe adivinhar o futuro. Trata-se do salutar hábito empresarial de prever tendências pela criação de cenários, o que significa buscar informações, ajustar os pressupostos e preparar o futuro em torno deles. Planejamento não é adivinhação, mas um orientador de decisões e ações, a partir dos ajustes de percepções dos envolvidos.

Muitos acreditam ser um desperdício de tempo estabelecer planos em um ambiente de incertezas. A mente recomenda: é melhor ter um esboço de projeto, sujeito a reparos, do que não ter planejamento nenhum. A ideia não é construir um cenário preciso do amanhã, mas criar elementos que fundamentem as melhores decisões para o futuro.

A mente sonha de maneira organizada. É um jeito de romper com os tradicionais paradigmas, questionar antigos pressupostos, vê-los de modo diferente.

Na empresa-objeto somos sempre os mesmos, vivemos segundo padrões, quando muito nos aprimoramos nas tarefas. O futuro nada mais é do que a reprodução do passado. Tornamo-nos eficientes e só. A mente é que dá condições de aprendizado e de ampliação de nossa competência. Para prever o futuro é necessário buscar informações, as quais tem de ser conhecidas de maneira que possam ser transformadas em algo útil para a empresa.

O importante, na criação de cenários, é que geramos uma imagem do mundo, e cada um de nós reage não ao mundo, mas a nossa imagem de mundo. Quando tratarmos da alma, falaremos da construção em equipe de uma visão compartilhada através de ajustes das percepções.

As oportunidades e resultados encontram-se fora da empresa. O mundo exterior determina o que precisa ser feito. Quando a mente entender as tendências e as oportunidades, as demandas e o comportamento dos clientes, aí sim estará na hora de nos dirigirmos para o ambiente interno buscando as ideias, respostas e soluções através da competência da equipe.

Para que não haja dispersão, é necessário definir com clareza o negócio, ajustar o foco e escolher os diferenciais que farão com que a empresa e seus produtos sejam percebidos no mercado.

Definindo o foco e o conceito de negócio

É um erro achar que todo mundo é cliente potencial. Muitos líderes detestam a ideia de trabalhar de maneira focada por acreditar que estarão restringindo seus negócios, com um portfólio de produtos e serviços muito estreito, o que resultará em vendas menores. É possível que isso aconteça no curto prazo, mas geralmente ocorre o inverso: uma empresa bem focada consegue crescimento mais consistente do que aquela que atira para todos os lados.

O conceito de negócio é uma questão filosófica. A Rolex é uma empresa focada. Compreendeu que estava no mercado de joias, não de relógios. Essa definição faz uma diferença estupenda, uma vez que a situa num mercado distinto, por exemplo, do servido pela Casio, com um público-alvo que não está preocupado exclusivamente com marcadores de horas.

A definição de negócio também é importante porque agrega valor ao produto. O produto é apenas o produto, mas o negócio é o produto cercado de atributos de serviços e imagens por todos os lados e que o mercado focado valoriza.

Uma empresa vende brinquedos para crianças, enquanto outra, alegria na forma de brinquedos. Responda depressa: qual vale mais?

Uma empresa vende cosméticos, mas a concorrente oferece beleza na forma de cosméticos. Qual você julga mais promissora?

Uma empresa de informática vende computadores, mas outra do mesmo ramo de atividade entrega soluções de problemas por meio da informática. Qual é sua opção?

Uma editora vende livros e revistas, enquanto outra, informação e cultura. Qual é o melhor apelo?

A boa definição de negócio capta o que o cliente deseja e valoriza e transforma esse anseio em produtos e serviços adequados. Mas todo cliente é um cliente potencial? Não! Depende do foco.

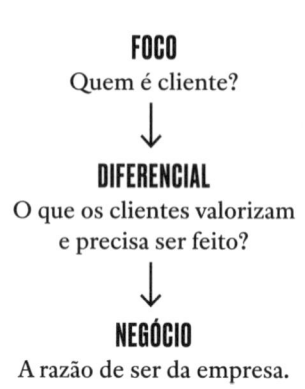

FOCO
Quem é cliente?
↓
DIFERENCIAL
O que os clientes valorizam
e precisa ser feito?
↓
NEGÓCIO
A razão de ser da empresa.

A definição de negócio explora as seguintes questões: quem estará sendo satisfeito (qual é o foco?) e o que estará sendo satisfeito (quais são os benefícios, as vantagens, os sentimentos?).

É importante perceber que as pessoas em geral não querem coisas. Querem alegria, beleza, aparência, conforto, conhecimento, segurança, prazer, ideias, emoções, sentimentos, benefícios e vantagens. A definição de negócio deve se basear no que verdadeiramente as pessoas querem.

A mente dá sentido de grandeza à empresa; seu principal objetivo é ser útil e oferecer contribuições.

A razão de ser da empresa

Conhecer o cliente é a referência principal para definir o foco e o negócio. E por falar em cliente...

As lições de Haroldo

Como diz o velho ditado, "nunca diga desta água não beberei", lá vou eu com o compromisso de comprar um costume, terno e gravata, de que já abdicara havia seis anos.

Ao longo de todo esse tempo conseguira, vitorioso, me ver livre da clássica indumentária que não combina com nosso clima tropical e faz com que nosso corpo clame por uma boa ventilação. Ora com um traje esporte discreto, ora com um traje social descontraído, com todo o conforto e sem nenhum constrangimento participei de seminários, debates e outros encontros.

No compromisso que se avistava, porém, sentia-me encurralado. Convidado para ser um dos palestrantes, já na reunião de planejamento do evento verifiquei que seria um estranho no ninho caso não fosse de terno e gravata. Pensei desesperado em meu par de suspensórios, como paliativo para o pior, mas achei que só faria complicar mais as coisas.

Imagino que o paciente leitor deve estar avaliando esse meu pequeno drama como se fosse uma tempestade em copo d'água. Ora, conheço pessoas cuja necessidade de ir à feira ou a supermercados é um verdadeiro martírio. E não é diferente comigo quando se trata de comprar roupas, principalmente se o vestuário não combinar com a filosofia arejada de vida que sonho adotar.

Sábado de manhã, parto rumo ao centro da cidade. Já na primeira loja argumento que desejo um terno, mas não de estilo clássico, pois pretendo usá-lo em situações menos formais. Dificuldade de explicar, desinteresse de compreender-me. O vendedor mais que depressa me apresenta o velho e tradicional azul-marinho, calça e paletó, indo exatamente em desencontro ao meu desejo. E argumenta, como se seu único dom fosse a fala, que o preço está desatualizado e subirá a partir de segunda-feira.

Visito mais algumas lojas, mas todos estão interessados em vender o que desejam. Não o que eu procuro. A preocupação é desovar aquele modelão lugar-comum. Aprendo (ou desaprendo) que paletó e terno são a mesma coisa. Que blazer é um tipo de paletó, alguns com forro, outros sem forro, sem que ninguém possa (ou mesmo queira) me explicar a vantagem ou desvantagem de cada um deles.

Entro na oitava loja apenas por entrar, a paciência já dobrando a esquina. O vendedor que me atende desta vez está preocupado em saber o que eu quero. Diferentemente dos anteriores, não joga nada sobre o balcão até saber o que de fato desejo. Pergunta o que estou procurando, que tipo de acontecimento me aguarda. Quando digo que é uma palestra, ele questiona sobre o tipo de público. Esclareço que são empresários e executivos. A cada indagação, ofereço uma resposta clara e ele permanece muito atento, interessado. E o diálogo promete ser produtivo.

Haroldo, soube mais tarde o nome dele, coloca sobre o balcão uma calça bege de linho, uma camisa azul-claro e um blazer azul-marinho. Tudo muito bem combinado. Arremata com uma gravata florida, em tom azul-escuro. Olho desconfiado... e surpreso (!) Haroldo, seguro do que está fazendo, afirma: "Com esse conjunto você estará muito bem-vestido!"

Pergunta a cor do sapato que pretendo usar no tal dia. Respondo que penso em algo entre o marrom e o vinho. Rapidamente, ele troca a camisa azul-claro por uma rosa, de manga curta. Combina com uma gravata, de um rosado mais intenso. Estranho, mas basta olhar aquilo tudo junto para ter certeza de que ele está certo! Haroldo argumenta: "Se o dia estiver quente, é melhor usar uma camisa de manga curta de linho ou algodão". Concluo, sugerindo um cinto também no tom vinho.

Estou satisfeito. Compro duas calças de linho, uma marrom e outra bege, duas camisas, uma de manga comprida azul-claro, a segunda de manga curta cor-de-rosa, gravata e cinto, além do blazer. Haroldo também está satisfeito, afinal acaba de fazer uma boa venda para um sábado de manhã regado a recessão, como proclama a concorrência. Há pouca gente fazendo compras. Enfim, parabenizo Haroldo pelo atendimento e acrescento em minha agenda seu nome e o da loja para recomendações a colegas e futuras compras.

A caminho do estacionamento percebo que vender é de fato uma arte e que poucos estão preparados para fazê-lo com competência e dignidade.

Haroldo nos ensina algumas lições:

1. Mostrar interesse genuíno e autêntico pelo cliente.
2. Estar, de fato, atento ao que o cliente deseja.
3. Entre a vontade do cliente e a mercadoria na prateleira, deve sempre prevalecer a primeira.
4. Ouvir, ouvir e ouvir. Somente depois de ter "sacado" o cliente é que se deve falar.
5. Falar com convicção! Nada de "eu acho que sim" ou "eu acho que não". Argumentar honestamente: "Ficou bom" ou "Essa não caiu bem".
6. Atenção completa ao cliente, sem se distrair com o que se passa ao redor nem com as solicitações inconvenientes e fora de hora do gerente.
7. Fugir do famigerado (e pra lá de batido) argumento do preço e valorizar os desejos: estética, status, discrição, descontração; se bem entendidos, esses quesitos reduzem o preço a elemento secundário na decisão de compra.
8. Se a entrega da mercadoria não ocorrer no momento da compra, cumprir fielmente aquilo que foi prometido.
9. Ter a garantia de que o cliente vai embora feliz. Um cliente satisfeito é um sério candidato à fidelização e significa quatro ou cinco novos clientes. Haroldo sabe disso!

Diferenciais únicos

Se a concorrência agir de forma predatória, com um atacando o outro o tempo todo, o negócio torna-se menos atraente e lucrativo. Se, por sua vez, estiver centrada em diferenciais únicos, a concorrência será irrelevante.

O diferencial consiste em oferecer algo mais – mesmo intangível – cujo valor os clientes percebam e pelos quais estejam dispostos a pagar. Não adianta agregar benefícios aos produtos ou serviços se os clientes não os perceberem como tais. Alguns tipos de diferencial:

- **Comercial:** relacionado às condições econômico-financeiras da transação, como preço, política de descontos e prazo de financiamento de vendas.
- **Qualidade:** refere-se ao padrão de qualidade do produto, como durabilidade, resistência e solidez ou ao serviço prestado, como confiabilidade, garantia e assistência técnica. O fator tecnológico pode ser um poderoso diferencial, ao aprimorar o produto ou serviço e satisfazer necessidades dos clientes antes não atendidas. Os avanços, nesse quesito, podem ser quanto ao tipo de material utilizado no processo de fabricação e ao modo de produção.
- **Serviços:** excelência no atendimento, qualidade da equipe de vendas, estrutura de distribuição, marketing de relacionamento, personalização, serviços de apoio ao cliente, pós-venda.
- **Vantagem criativa:** relacionada ao pioneirismo, tanto no lançamento de produtos como na inovação de serviços. Fatores que devem ser considerados na análise: pesquisa e desenvolvimento, cultura voltada à criatividade, níveis de decisão, competência do quadro gerencial, processos internos de criação e inovação.
- **Valor progressista:** associar a imagem a uma marca ou a uma empresa conscienciosa tende a ampliar a receptividade do seu foco. Fatores que devem ser considerados na análise: conjunto de valores da empresa, condutas no mercado, responsabilidade social, projetos de cidadania.

A avaliação dos diferenciais permite enxergar oportunidades presentes e futuras no mercado, principalmente quando isso é feito em equipe e estimula o comportamento empreendedor.

Criando os diferenciais únicos

Definir um negócio com grandeza rompe com crenças muito comuns, como "o cliente só quer preço" e "o que interessa mesmo é prazo e desconto". A maioria das equipes de vendas das empresas voltadas para o corpo, cuja preocupação principal é o faturamento, acredita de fato nisso. Falta-lhes a grandeza dos diferenciais únicos.

A questão principal no desenvolvimento de diferenciais únicos é: como satisfazer as necessidades dos clientes? Os diferenciais são fruto de decisões estratégicas da maior importância numa empresa. Alguns erros muito comuns na definição do negócio e dos diferenciais:

- Definição muito ampla ou estreita demais: a estreita limita a capacidade de criar opções de produtos, serviços e diferenciais e a ampla acaba agregando produtos e serviços diversos, dispersando e confundindo o cliente. A definição de negócio tem um lado concreto, quando se baseia em informações do macroambiente e do ambiente da concorrência, e um aspecto mais abstrato, quando se baseia na intuição e na imaginação da equipe. Michelangelo dizia que a estátua já está contida na pedra, o trabalho do escultor é tirar todo o excesso, até chegar à imagem. O mesmo vale para a definição de negócio, e o foco contribui muito nesse trabalho de escultor.
- Falta de diferencial único: para muitas empresas, competir significa imitar os concorrentes, principalmente os primeiros do *ranking*. Essa tática indica que não há nenhum diferencial (e tampouco imaginação). Cada empresa deve ser única, com sua cultura própria e seu conjunto de crenças e valores. Portanto, capaz de atuar no mercado de forma diferente.
- Não conseguir sustentar o diferencial: promete algo difícil de viabilizar. É comum oferecer benefícios e vantagens de manutenção inviável, caso a empresa cresça.
- Esquecer o negócio e os diferenciais em troca de oportunidades circunstanciais: muitas empresas ouvem o canto da sereia e perdem o foco. Tal dispersão, embora possa trazer resultados no curto prazo, é geralmente desastrosa a médio e longo prazos, podendo colocar em risco o próprio empreendimento.
- Não ter diferencial apoiado pela equipe: aqui entramos nas limitações da mente. A mente é capaz de definir conceitos grandiosos de negócio e diferenciais, mas não de conseguir

o apoio de uma equipe. Essa é função da alma. Muitas ideias geniais fracassam por falta de cumplicidade ou de comprometimento dos envolvidos na empreitada.

Abrindo o leque sem perder o foco

Uma boa definição de negócio consegue atrair mais clientes do que a simples oferta de produtos e serviços. A empresa voltada para a mente oferece ao mercado seu negócio, e os produtos e serviços são apenas alternativas de concretizá-lo. É por isso que uma definição inteligente e criativa do negócio e dos diferenciais amplia mercados e volumes de receitas. O corpo ganha com isso: mais receita, mais resultado, melhor capacidade de financiar as necessidades de capital de giro e maior rentabilidade.

Uma empresa com definição ampla de negócio pode expandir tanto seus mercados quanto seu leque de produtos, mas a arte está em fazer tudo isso sem perder o foco. É como a rede de farmácias que, ao optar pelo negócio de *cuidar da saúde* em vez de *tratar das doenças*, estendeu seu portfólio de produtos para alimentos naturais, vitaminas, cosméticos etc.

Ao focalizar com clareza seu negócio, a empresa espera obter uma série de vantagens, como o domínio da tecnologia de produção ou de distribuição, a possibilidade de oferecer bens e serviços diferenciados, a abrangência geográfica, coberta por vários pontos de venda, e a utilização de mídia direcionada ao nicho que pretende atingir.

As limitações da mente

A maior limitação da mente é fazer as coisas acontecerem. É por isso que muitos empreendedores acabam por engavetar ou vender suas ideias: como não sabem ou não gostam das funções da alma, tratam de garantir que as coisas sejam assumidas, incorporadas e apoiadas. É necessário que todos compreendam a essência do negócio, pois, embora a mente se encarregue de sua definição, é a alma que cuida do aprendizado de fazer o negócio acontecer.

A mente provoca e estabelece mudanças. Enquanto o corpo prefere uma empresa estática, a mente anseia por uma empresa dinâmica. Mas entre querer mudar e poder mudar existe uma lacuna preenchida pela alma. A mente não sabe lidar com resistência a mudanças, típica das empresas que se descuidam da alma.

Como podemos ver, a mente fortalece o corpo até determinado ponto. Assim como o corpo é capenga sem as decisões advindas da mente, também a mente e o corpo são limitados sem a atuação da alma.

É com a melhor utilização da tríade que se tece uma empresa plena.

7 A ALMA

O que faz a diferença

Não inventaram ainda a máquina que cria, imagina, sonha! O ser humano, tão relegado durante anos, volta triunfal. As empresas precisam de ideias, assim como o produto acabado necessita da matéria-prima. A criatividade passou a ser um dos principais insumos com que uma empresa dotada de visão de futuro pode contar. Mas a presença física das pessoas, apenas, não garante a criatividade. Muitas nem mesmo se consideram criativas.

As pessoas só colocam seus talentos criativos à disposição da empresa se estiverem dispostas. Elas é que decidem. Essa é a liberdade suprema. Mesmo que sejam severamente supervisionadas, com câmaras de TV controlando seu trabalho, revistas na porta de saída da fábrica, nenhum cerceamento tem poder sobre a liberdade de escolha. E criar é uma escolha que as pessoas só resolvem fazer quando se sentem comprometidas com o propósito da empresa. Para haver comprometimento e criatividade, é necessário que a alma esteja presente.

A alma, de fato, faz a diferença. Dela emana a energia que leva uma empresa a sobrepor-se a outra no mesmo mercado, na mesma economia, diante dos mesmos obstáculos. Até porque cada empresa possui sua equipe, e cada equipe tem sua alma; não existem empresas com almas iguais. Cada uma tem sua peculiaridade, que a faz diferente de todas as outras. É a alma que explica sucessos sem causas visíveis.

A verdade é que uma empresa não concorre com outra; quem concorre é uma equipe com outra equipe, ou melhor, uma equipe com grupos ou agrupamentos de pessoas. Quadro de pessoal todas as empresas têm; equipes são raras. Um punhado de gente trabalhando não forma uma equipe. Há sentimentos e emoções em qualquer ambiente de trabalho, mas sua presença pura e simples não implica a existência da alma.

Não existe equipe sem objetivos comuns. Na empresa com alma, os objetivos são compartilhados e, portanto, de todos. A esse conjunto de objetivos comuns dá-se o nome de propósito. A empresa com alma tem um propósito, que se sustenta no conjunto de valores das pessoas. Afinal, elas estão dispostas a apoiar objetivos que possam também ser seus. Ninguém está preocupado em atingir metas exclusivamente alheias. É por isso que nas empresas com corpo e mente as pessoas, quando muito, se envolvem com seu emprego e salário, mas não com o propósito. Embora a mente ofereça um propósito com a definição de negócio, somente a alma consegue transformá-lo em visão compartilhada e ter o apoio de todos. Para que um propósito possa ser desenvolvido, no entanto, é necessária a figura do líder.

Uma das características das empresas com alma é o propósito de servir: aos clientes, aos colaboradores, aos acionistas. O objetivo de "estar a serviço" cria essa cultura na empresa, algo que, sinceramente, envolve todos.

Querer contribuir é muito diferente de extrair. Empresas que só querem extrair lucro do mercado criam colaboradores que só desejam extrair vantagens delas. Nestas, não por acaso, as queixas sobre remuneração são frequentes e há maior número de fraudes. Por outro lado, as empresas que têm o objetivo de contribuir criam equipes contributivas. São os empreendimentos mais lucrativos, onde estão as pessoas mais bem preparadas e remuneradas. Mas a maior recompensa que as pessoas ganham por contribuir é a autorrealização e a elevação da autoestima. Não pode haver recompensa maior.

Valores virtuosos

Não existe alma sem valores virtuosos. As virtudes formam os contornos da alma. A confiança é a base dos relacionamentos duradouros, internos ou externos. Mas isso não acontece por acaso. Advém de outros valores virtuosos, como a amizade, a lealdade e a fé.

O que existe de empolgante nos valores virtuosos é que a maioria das pessoas está de acordo com eles. Trata-se de um salutar ponto de partida para conseguir a união das pessoas. A maioria respeita e apoia valores como sinceridade, compaixão, coragem, perseverança, trabalho, disciplina, lealdade e fé. As pessoas estão dispostas a apoiar as ideias de um líder que seja depositário fiel desses valores.

Os valores formam o sustentáculo do propósito da empresa. Sem definições claras de negócio, os valores funcionam como princípios, pura e simplesmente. Honestidade, humildade e tolerância são apenas bons princípios, caso não estejam sustentando uma definição de negócio estratégica e grandiosa, um propósito, portanto. É por isso que a alma também é capenga sem a mente e o corpo.

Valores virtuosos ajudam a ajustar percepções. Percepções traduzem a maneira de ver a vida, as pessoas, o mundo. Percepções de boa qualidade são as que representam melhor a realidade; percepções de má qualidade são as que deturpam e mutilam a realidade. O problema está no fato de que as pessoas agem de acordo com suas percepções.

A maneira como uma equipe de trabalho vê a vida determina a integridade e a competência dessa equipe. As escolhas, as decisões, as implementações, tudo será sustentado pelos valores virtuosos compartilhados e que ajustam as percepções.

A vida em uma empresa deve fazer parte de uma jornada maior. Tal jornada é material, intelectual, moral e espiritual. É inteira. É plena.

A força de um propósito

VALORES VIRTUOSOS
O que as pessoas valorizam

↓

COMPETÊNCIAS
O que as pessoas sabem fazer

↓

PROPÓSITO
A junção da alma com a mente

No lado mente, a definição de negócio é formada pela escolha do foco e dos diferenciais. A mente busca informações no ambiente externo para delinear decisões estratégicas. O objetivo é *o que os clientes valorizam e precisa ser feito*. A mente define a quem a empresa deseja servir.

A alma, por sua vez, cuida da definição do propósito, formada pela declaração dos valores virtuosos e das competências internas. A alma busca informações no ambiente interno para elaborar o propósito. O objetivo é *o que os colaboradores valorizam e sabem fazer*. A alma define por que a empresa existe e os valores que orientarão o comportamento dos colaboradores.

As definições se sobrepõem. Os diferenciais que os clientes requisitam podem ou não estar disponíveis na empresa na forma de competências. O que os clientes valorizam também tende a ser compatível com o que os colaboradores valorizam. Quanto mais os colaboradores estiverem inteirados do negócio da empresa, mais entenderão e assumirão as necessidades dos clientes. O desafio é o alinhamento de vários desses conceitos.

Liderança com alma: por onde começar

Parece muito claro que objetivos compartilhados têm muito mais chance de contar com o apoio das pessoas do que objetivos impostos. Então, por que o modelo autoritário é o mais comum nas empresas?

"Pessoas-objeto", "pessoas-máquina", "pessoas-norma", "pessoas imaturas" são geradas em empresas que adotam o modelo autoritário de liderança. Nelas, os chefes bebem do próprio veneno, ou seja, por não compartilhar as decisões acabam tendo grupos de trabalho apáticos, sem iniciativa, submissos. O processo de delegação é inverso, ou seja, as pessoas devolvem ao chefe aquilo que não foram capazes de fazer.

Mas por que a preferência pelo modelo autoritário?

Autoritário tem sido o modelo de educação na família, na escola, na igreja, no trabalho e durante a ditadura foi também adotado também pelo Estado. Exemplos não faltam. O padrão está estabelecido.

Mas o que está por trás do modelo autoritário de liderança?

Em nossa existência, acumulamos um conjunto de crenças e valores que dão forma ao nosso modelo mental. Este nos dá a percepção do mundo, da vida, das pessoas. O chefe autoritário possui um modelo mental que deprecia as pessoas. No fundo, ele acredita que elas são burras, preguiçosas e aborrecidas, não têm iniciativa nem estão interessadas nas necessidades da empresa, não gostam de assumir responsabilidades e resistem às mudanças. Esse conjunto de crenças cria um modelo mental que acaba influindo nas práticas adotadas. Ora, se essas são as crenças, como compartilhar a visão, decidir em conjunto, trabalhar em equipe?

O modelo mental preconceituoso deprecia as pessoas e cria um conjunto de práticas autoritárias. Tais práticas acabarão gerando o tipo de comportamento que se previa, como, por exemplo, falta de iniciativa e de preocupação com as necessidades da empresa. A esse processo deu-se o nome de efeito Pigmalião.

Conta a lenda que o jovem escultor Pigmalião desejava traduzir em uma estátua tudo o que considerava belo na mulher. Esculpiu com ardor as linhas e curvas e projetou seus sonhos e desejos naquilo que passou a ser o objeto de sua paixão. Tanto imprimiu qualidades na escultura que um dia, com a ajuda de Vênus, viu seu sonho tornar-se realidade: sua obra transformou-se em mulher, com todos os atributos sonhados por Pigmalião.

O chefe que trata os subordinados como incompetentes terá incompetência no trabalho; se acreditar que as pessoas não são criativas, elas não terão boas ideias; se as considerar preguiçosas, haverá acomodação. O efeito Pigmalião acabará acontecendo para reforçar a crença; o modelo mental se consolidará.

O modelo autoritário é muito comum nas empresas que priorizam o corpo e a mente. Nelas, as visões não são compartilhadas, é necessário manipular as pessoas para que atinjam objetivos que não são seus. No lugar da verdade existe o blefe. Em vez de influência, há persuasão.

Os interesses não são claros e os acordos são tácitos. O modelo mental da liderança autoritária não acredita que os objetivos pessoais possam ser compatibilizados com os objetivos organizacionais. É necessário manipular e até tiranizar para conseguir que as coisas sejam feitas. É preciso usar a autoridade.

São comuns no modelo autoritário as práticas do paternalismo, da centralização, do controle e da punição. O modelo mental autoritário não considera que as pessoas sejam capazes de compreender, aprender e sentir. Daí a imposição e o adestramento.

A liderança autoritária é a liderança sem alma. Como colocar alma na liderança? Fazendo uma metanoia, ou seja, mudando os modelos mentais.

Em primeiro lugar, acreditando que liderança não é habilidade de poucos privilegiados. É necessário reparar a crença no líder nato. A liderança é um potencial que pode ser desenvolvido e aprimorado. O verdadeiro líder é um educador à medida que compreende seu papel de desenvolvedor de pessoas. Com isso assume que seu verdadeiro papel é de "fornecedor", e não de "cliente" de seus colaboradores. Fornecedor de informações, de conhecimentos, de habilidades, de poder e dos elementos que compõem os recursos de trabalho.

Em segundo lugar, transformando os valores virtuosos compartilhados em hábitos e lembrando que estes só são difundidos pelo exemplo e pela prática persistente. A credibilidade deriva da coerência e é um dos principais atributos dos verdadeiros líderes. Resulta de uma grande virtude, a verdade. Interesses claros, objetivos transparentes e diálogo assertivo formam um conjunto de práticas adotadas pelos líderes que inspiram confiança nos colaboradores e criam o código de ética da empresa.

Em terceiro lugar, acreditando nas pessoas. Diferentemente dos chefes tradicionais, os verdadeiros líderes não controlam seus colaboradores, mas sim os resultados. Inspiram outras pessoas, em vez de dar ordens. Dão condições para que surja – entre os membros da equipe – o sentimento de que clientes, produtos, objetivos e metas também lhes pertencem. Todos querem ver significado em seu trabalho, apreciam saber que causam impacto e que existe interdependência.

O líder que possui visão positiva dos seres humanos adotará o modelo participativo de liderança. Isso porque acredita que todas as opiniões são importantes, que as pessoas gostam que seu parecer seja considerado e que, de maneira direta ou indireta, elas influenciam as decisões e os resultados da empresa.

O modelo mental positivo acredita na integração entre as necessidades e aspirações de todos e o sucesso da empresa. Quem se compromete com os objetivos da empresa não precisa ser controlado, pois tem autocontrole e autodirecionamento. Mas é fundamental que tais objetivos sejam claros, conhecidos e desafiadores. A mente sabe muito bem cuidar disso.

A liderança participativa começa pela convicção no potencial das pessoas. Colocá-la em prática significa depositar confiança em cada um dos colaboradores mediante o fornecimento de informações e de conhecimentos e, ainda, pelo desenvolvimento das habilidades necessárias. A crença é de que todos são competentes e criativos por natureza, gostam de aprender e veem no aprendizado um grande mecanismo de estímulo.

Os líderes que aprimoraram suas percepções sabem que existem pelo menos três competências básicas a exercer:

- Desenvolver a relação de concordância: habilidade de compartilhar os propósitos (negócio, valores, diferenciais, competências) para que sejam significativos aos colaboradores. Tornar as ideias tangíveis e reais para os demais na empresa.
- Desenvolver a relação de confiança: habilidade de construir credibilidade entre os colaboradores por meio de coerência com os valores virtuosos e o propósito. Estudos recentes mostram que as pessoas preferem seguir um indivíduo com quem possam contar, mesmo que discordem de seus pontos de vista, a seguir outros com quem tenham mais pontos em comum, mas que sejam inconstantes.
- Desenvolver o relacionamento intra e interpessoal: habilidade de conhecer-se e conhecer os colaboradores em profundidade,

visando desenvolver e utilizar as capacidades de cada um, da forma mais contributiva à realização do propósito.

Os líderes que administram bem, com essas competências, conseguem feitos considerados impossíveis nas empresas que privilegiam só corpo e mente:

- Pessoas comprometidas e influentes: as dirigidas por um líder com alma sentem-se importantes e percebem que seu trabalho tem significado e relevância para a empresa, influenciando nos resultados.
- Pessoas com vontade de aprender: quando há liderança com alma, todos assumem que aprender é importante. Os líderes valorizam o aprendizado contínuo e o domínio de competências e transmitem esse valor a todos na empresa.
- Espírito de equipe: a liderança faz com que todos se sintam parte de uma comunidade e coloquem a interdependência adiante da dependência e da independência.
- Estímulo e energia: as pessoas veem seu trabalho como algo muito estimulante. Onde há líderes com alma, o trabalho é desafiador, fascinante e divertido. Todos se sentem impulsionados, e não empurrados em direção a um objetivo.

Terrível deleite

Converso sobre o comportamento do mercado, das vendas, dos preços, com Ranulfo, diretor-geral de uma tinturaria especializada em tingimento de tecidos para decoração, quando adentra a sala o Barbosa, chefe da fábrica.

"Senhor Ranulfo, os operários querem leite, estão com medo de intoxicação", pede ele assustado, conhecedor do temperamento impulsivo do patrão.

"Verifiquei pessoalmente e asseguro que nossas resinas não são tóxicas, de modo que não há necessidade de fornecer leite aos operários", responde Ranulfo, em tom professoral.

"Senhor Ranulfo, as pessoas não entendem isso; exigem o leite", retruca o chefe da fábrica, dando um passo para trás.

"Meu caro Barbosa, estou lhe dizendo que tive o cuidado de verificar pessoalmente nos órgãos que tratam da segurança no trabalho se havia algum perigo e os peritos me garantiram que não existe. Por acaso você acha que quero que o pessoal da fábrica se intoxique?", brada Ranulfo, quase à beira do descontrole.

Acompanho atento o diálogo, quando Barbosa afirma, contundente: "Senhor Ranulfo, se a empresa não der o leite, o pessoal vai fazer greve".

Desta vez, seu interlocutor não consegue controlar a ira. Aos gritos, Ranulfo vocifera, pondo para fora o chefe da fábrica: "Já disse que não há risco de intoxicação! Não vou dar leite para ninguém. Afinal, de que lado você está?"

Ao sair da sala, Barbosa tropeça num degrau e se afasta resmungando.

Ranulfo, ainda vermelho, olha para mim indignado e comenta: "Está vendo, eu mesmo fui cuidar desse assunto, não existe risco de intoxicação e esse pessoal fica enchendo... É o que lhe digo: quem está preocupado com os resultados? Com a concorrência? Com as quedas de vendas? E aí, o que eu faço numa hora como esta?".

Respondo calmamente, em tom de voz moderado: "Dê o leite!".

Parece que Ranulfo entende pouco de significado e influência no ambiente de trabalho. Será que quer mesmo pessoas comprometidas ou prefere gente obediente?

Motivação: a alma em euforia

A empresa com alma se preocupa com a satisfação das pessoas. Não aceita a crença de que o trabalho seja uma inconveniência de oito horas diárias. A empresa com alma quer que o trabalho faça parte da vida do indivíduo, e vida intensa, abundante.

As empresas que privilegiam corpo e mente são hábeis em eliminar focos de insatisfação. Priorizam os reajustes salariais e os benefícios como fatores de motivação. Não existe a crença de que o trabalho seja uma atividade prazerosa, portanto é necessário "corromper" os funcionários com coisas que os façam felizes fora da empresa. Salário, assistência médica, vale-refeição, cesta básica de bens, benefícios, grêmios, churrascos, campeonatos de futebol são mecanismos de motivação que tentam satisfazê-los, longe do ambiente de trabalho. Não estou querendo dizer que esses incentivos não tenham importância; simplesmente, não resolvem. Pior: não mudam as percepções de que as pessoas são recursos e incapazes de zelar por seu destino sozinhas. É o modelo da dependência: "Minha segurança, minha autoestima e minha liberdade estão nas mãos de outras pessoas".

Quando o pessoal não conquista as coisas por competência, aprende a reivindicar. Reiteradamente. As empresas, através de suas lideranças autoritárias, criam os eternos insatisfeitos. Quando os líderes se preocupam em demasia com os fatores que eliminam a insatisfação conseguem, no máximo, impedir que funcionários desmotivados peçam a conta.

"Nem só de pão vive o homem." As pessoas querem mostrar sua competência, sua capacidade de inovação, sua criatividade. E, pasme, isso custa menos do que a maioria das empresas gasta com suas políticas autoritárias de recursos humanos.

Todos querem sentir que contribuem de fato, exercem influência, que o que realizam tem significado, é importante. Líderes autoritários agem no sentido contrário, como se mandassem o seguinte recado: "Seu trabalho é simples, qualquer um faz, se você não se comportar coloco outro no lugar".

As pessoas querem autonomia e participação nas decisões que afetam o que fazem. Querem informação sobre seu esforço e desempenho. Não estão somente em busca de elogios, mas também de críticas construtivas. Querem saber se estão acertando ou errando.

Gostam de participar de um time, principalmente quando se sentem imprescindíveis. Apreciam o trabalho de equipe, a sociabilidade, a amizade e o divertimento.

Pessoas plenas encontram satisfação naquilo que outros consideram obrigação. Elas não se sentem obrigadas, na verdade, querem.

Os líderes não motivam seus colaboradores, apenas oferecem condições de criar o ambiente apropriado para que as motivações aflorem e as necessidades individuais possam ser compatibilizadas com as da empresa. Mais do que isso, são capazes de fazer a escolha certa entre mecanismos de motivação que estimulem o surgimento de comportamentos passivos, submissos e dependentes ou maduros, criativos e contributivos.

O trabalho nos foi dado por Deus como elemento essencial de nossa natureza. Uma existência sem trabalho é contrária à ordem divina e humana. Seria uma existência sem sentido. Precisamos trabalhar. Onde exercitar os talentos que a natureza nos concedeu? Onde pôr em prática nossas habilidades? O que fazer com nossas aptidões? O que fazer com nossa criatividade, nossa imaginação, nossos sonhos? E nossos sentimentos, nossas forças? E a vontade de produzir a beleza e a riqueza?

O homem tem direito ao trabalho assim como tem direito à vida. O trabalho não pode cercear a liberdade, isto é, a alma. O trabalho livre por uma liderança participativa é legítimo; o trabalho forçado por uma liderança autoritária é ilegítimo.

"Pode não ser essa gravata o que sufoca"

Agripino é funcionário público. Trabalha no setor de contas a pagar de uma das divisões de uma repartição pública. Não ganha mal, leva uma vida com padrão de classe média, privilegiada se comparada com a média da população brasileira. Possui, ainda, uma série de benefícios, como assistência médica, vale-refeição, vale-transporte, vale-teatro, entre outros. Formado em Administração de Empresas, é casado e não tem filhos.

O casal mora em um apartamento de dois quartos financiado pela Caixa. Ele tem o seu carro há cinco anos e o da esposa, Antônia, é um pouco mais novo.

Agripino só consegue ser feliz dois dias por semana. O sábado e o domingo. Mas a satisfação já começa quando ele e a mulher deixam o trabalho na sexta-feira e se mandam para a Baixada Santista. O ritual é sagrado. Nunca falha. Eles já saem de casa, de manhã, com o carro prontinho para descer a serra no começo da noite e vão aportar, eufóricos, nas praias do litoral paulista, ao encontro dos amigos. Lá, bebem, cantam, dançam, nadam, brigam, bronzeiam-se à exaustão... às vezes até se queimam, de tanto fritar ao sol. Voltam sempre dizendo que foi muito bom, que valeu a pena. Difícil acreditar nisso no auge do verão, quando o tráfego congestionado faz com que se gastem em média cinco horas apenas para descer ou subir a serra.

Quando chegam em casa, porém, Agripino e Antônia só pensam em uma coisa: na próxima ida ao litoral. O casal de nossa história não é muito diferente de outros milhares de cidadãos vitimados pela mesma paranoia de fugir da "pauliceia desvairada", como diria Mário de Andrade.

Nem tudo é só alegria nos fins de semana. Agripino não suporta aquela musiquinha do Fantástico, no domingo à noite. É a senha de que o dia seguinte é de trabalho.

Enquanto Antônia se arruma na segunda-feira de manhã, alguma estação de rádio avisa que a semana é para valer, colocando no ar o jingle composto por Billy Blanco: "Vombora, vombora, olha a hora, vombora, vombora!"

Na repartição pública, não obstante a pressa lembrada no fundo musical, é a mesmice de sempre. Recebimento de documentos conforme o manual, averiguação da autorização de pagamento conforme o manual, preenchimento de formulários conforme o manual, classificação das despesas conforme plano de contas também formatado como manual. Agripino sempre achou o processo de pagamento da repartição pública muito dispendioso e prejudicial ao cidadão, por causa da demora. Tentou sugerir mudanças, mas os colegas o aconselharam a ficar calado, afinal ele "ganha para seguir o manual, e não para ter ideias".

Quando Agripino se formou foi promovido para o setor de contas a pagar. Cheio de sonhos e vaidades, queria revolucionar o departamento. Foi-se o tempo. Agora não há nada a criar nem mudar; apenas a executar. Rotineira, corriqueira e obedientemente.

O que fazer com o potencial criativo? Com a vontade de realizar? Tudo é euforicamente utilizado nos fins de semana na praia.

Às vezes Agripino e seus colegas sentem umas "coceiras": "O salário não está bom, precisamos pedir aumento"

E fazem mais uma de suas greves brancas em busca de reajustes salariais e da conquista de outros benefícios. Até a próxima "coceira".

A equipe: o desafio da interdependência

A liderança participativa é o modelo apropriado do trabalho de equipe, uma vez que permite a interação entre os membros, o compartilhamento de ideias e conhecimento, o apoio às decisões e melhoras. O trabalho de equipe possui duas sustentações: seus integrantes acreditam que a união funciona e as pessoas confiam umas nas outras.

Mas não é tão simples. Assim como o modelo de liderança é autoritário, existe também a crença de que o trabalho de equipe não dá certo. "Lembra-se de como era na escola?", questionam alguns com ceticismo, referindo-se aos trabalhos em grupo e que sobravam para uns poucos heróis.

Ocorre que trabalhar em equipe é um exercício contínuo de ajuste de percepções. Já dizia um poeta que "não há verdade nem mentira, tudo depende do cristal que está entre o olho e a coisa". É através dos olhos da mente que as pessoas percebem a realidade e, como cada uma tem seu cristal, as percepções se processam de maneiras diferentes. Quem está certo? Totalmente, ninguém! As percepções são limitadas e parciais. Cada um tem uma parcela da realidade. E o que aparentemente causa a parte negativa e conflituosa do trabalho de equipe é exatamente o que constitui sua grande vantagem e grandeza: nas diferenças das percepções parciais, é possível ter um quadro mais preciso da realidade.

Aprender a trabalhar em equipe talvez seja o maior desafio das empresas nessa nova era. Requer altruísmo, paciência, perseverança. Difícil? Sem dúvida. Trabalhar dessa forma não faz parte de nossa cultura nem das crenças da maioria das pessoas.

Impossível? Claro que não! Vantajoso? Talvez a alma, expressa na forma de trabalho de equipe e de seus quesitos, componha o maior de todos os diferenciais.

Sejamos otimistas. Aprender a trabalhar em equipe poderá trazer dois grandes ganhos aos que ousarem: contribuir para construir uma empresa melhor e tornar-se uma pessoa melhor, tanto para si como para aqueles de quem se gosta. Vale o desafio!

A formação de uma equipe depende de dois conjuntos de fatores:

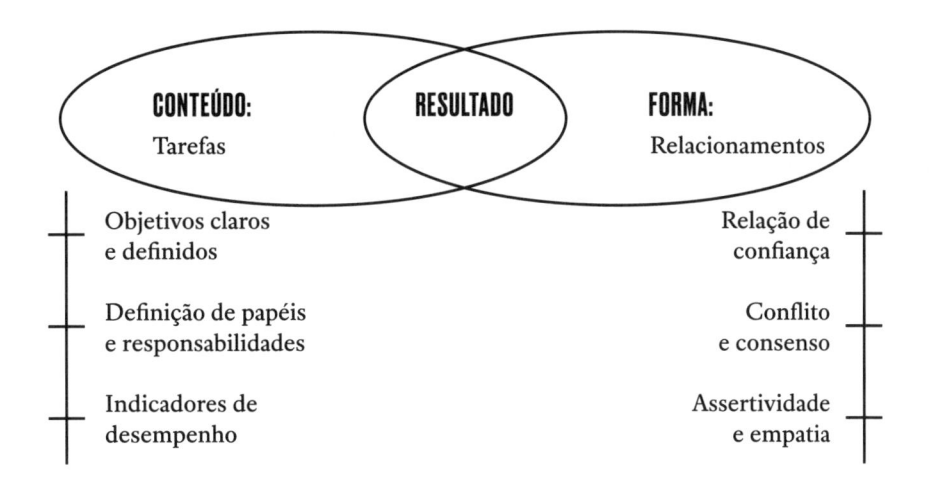

O conteúdo: a parte visível dos problemas

O conteúdo trata de objetivos e metas. Nele estão resumidos os resultados esperados da empresa. É importante, em primeira instância, que os integrantes de uma equipe estejam de acordo com relação a esses objetivos. Quando estes são significativos, provocam estímulo, comprometimento e sentimento de orgulho, pois todos os que os definiram sabem que exercem efetiva influência no ambiente de trabalho.

Criar objetivos comuns em equipe é desenvolver uma imagem positiva do futuro. Tal exercício inspira e contagia. É estimulante saber que não se está só, que existe um ambiente de confiança mútua em que todos podem buscar guarida. É bom ter de organizar um problema para apresentá-lo a alguém; muitas vezes as soluções surgem nesse momento.

Outra característica das equipes é possuírem metas claras de desempenho. Essas metas formam a parte quantificável dos objetivos da empresa. Como é quantificável, pode ser avaliada periodicamente pelos indicadores de desempenho. Existe relação direta entre bons indicadores de desempenho e mudança do comportamento dos integrantes de uma equipe, e essa relação justifica a divulgação dos indicadores.

Quando o modelo de administração é aberto para todos os colaboradores participarem, o mínimo que se deve exigir deles é uma promessa. Sem compromisso nem responsabilidade não existe equipe, quando muito um grupo em que poucos se responsabilizam e agem e muitos outros não se envolvem. Em uma equipe de verdade, todos assumem papéis e responsabilidades equivalentes.

As responsabilidades estão relacionadas com as declarações e promessas ligadas ao ambiente que todos desejam. Se não existem responsabilidades, não há garantias de que os desejos de um ambiente melhor tenham sido declarados com sinceridade. Sem sinceridade não existe confiança; sem relação de confiança não existe equipe.

O que distingue uma equipe de alto desempenho de outras é o senso de compromisso individual e grupal. Este diferencial vai além dos objetivos da equipe; existe verdadeira relação de ajuda entre seus membros. Há convicção de que o sucesso e o fracasso serão de todos e dependem de cada um.

A forma: a parte não visível dos problemas

Um problema é como um quebra-cabeça do qual cada membro da equipe possui apenas algumas peças. Cada um as juntaria à sua maneira ou conforme percebe a realidade. Somente a união de todos permite partilhar as percepções e disponibilizar todas as peças para que o quebra-cabeça seja montado. O conteúdo trata de definir o objetivo: a imagem que o grupo faz do quebra-cabeça montado. A forma é que garantirá se há disposição entre as pessoas de partilhar suas peças. Para isso é necessário haver boa comunicação e flexibilidade.

A forma dá "liga" à equipe, coesão. Uma equipe só existe e se entrega realmente a seu trabalho na medida em que há coesão. A coesão é a totalidade das forças que levam os membros a permanecer no grupo. Tais forças estão relacionadas com a atração tanto pelos objetivos do trabalho como dos membros, entre si.

A forma trata da relação de confiança que os membros têm mutuamente e com a empresa; trata do processo de comunicação, da assertividade e da empatia; trata do conflito e do consenso para administrá-lo.

Para melhor entendimento, dividiremos a forma em dois tipos de relação: você e os outros e você consigo.

Você e os outros

A qualidade de nossa existência depende da qualidade de nossos relacionamentos.

O primeiro obstáculo encontra-se dentro de nós, ou seja, é nosso conjunto de crenças. Este conjunto cria a percepção que cada um faz das pessoas, das coisas, da vida, ou seja, nosso modelo mental. Como vimos, as percepções podem ser de boa qualidade (as imagens são compatíveis com a realidade) ou de má qualidade (as imagens são distorcidas).

As relações se complicam quando várias percepções, naturalmente distintas dado que individuais, entram em confronto. Por causa de suas próprias percepções, as pessoas nunca ouvem exatamente o que dizemos.

E o que conta é o que elas ouvem, não necessariamente o que dizemos. O confronto entre percepções gera o conflito. A má notícia é que em torno do conflito pode haver hostilidades que levam ao atrito. A boa notícia é que desse conflito surgem as boas ideias e as soluções inovadoras, quando há sincera disposição de chegar ao consenso.

Há consenso quando todos os membros de uma equipe consideram uma decisão válida e estão decididos a apoiá-la, mesmo que os objetivos individuais sejam divergentes. Quando há consenso, as pessoas defendem seus pontos de vista sem teimosia e se predispõem a acatar os pontos de vista alheios com genuína complacência.

O sucesso das relações interpessoais está no exercício dos valores virtuosos, principalmente a verdade e a empatia. A boa comunicação depende da disposição de partilhar todo nosso eu, nu e cru. Mais do que isso, a franqueza tem efeito definitivo sobre os outros: é contagiante. Franqueza chama franqueza. Se houver ambiguidade entre o discurso e a prática, há consequências nocivas para a relação de confiança. Se esta for ínfima ou inexistir, não se formará uma base sólida de trabalho de equipe duradouro.

Quando existe verdade e empatia é possível ter um comportamento assertivo sem parecer agressivo. Fiz referência à assertividade no capítulo sobre a empresa sensível, na primeira parte do livro. Essa qualidade é uma escolha de comportamento pelo qual expresso meus sentimentos e me disponho também a acatar com seriedade os sentimentos dos outros. Funciona assim: "Isso é o que eu penso e sinto, mas estou disposto a saber também o que você pensa e sente".

A empatia, por sua vez, é um estágio mais sofisticado da comunicação. É quase uma virtude. Ser empático é compreender os sentimentos dos outros como se estivéssemos no lugar deles. É uma postura isenta de julgamentos. Compartilhamos a experiência do outro por seus sentimentos, pensamentos e atitudes, assumimos o lugar da outra pessoa e passamos pelo que ela está passando. É como se tomássemos emprestados os óculos dela para enxergar a realidade da forma como ela vê. Em resumo, a empatia é a arte fundamental do ouvinte no processo de comunicação. Trata-se de uma arte maior, pois implica paciência, mente aberta e livre de julgamentos, e vontade de compreender. O grande empecilho à empatia é acreditar que os outros possuem as mesmas percepções que nós.

O trabalho de equipe depende do *conteúdo* e da *forma*. É comum as pessoas despenderem tempo para tratar do conteúdo; é muito raro despenderem tempo para tratar da forma. A forma é a parte não visível dos problemas de desempenho de uma equipe. Muitas vezes os objetivos não são atingidos por problemas de relacionamento interno, e não por causa da concorrência, do mercado ou de uma meta muito ambiciosa. Em geral, as metas não são alcançadas porque as pessoas não estão dispostas a facilitar a vida umas das outras. É importante, então, dedicar tempo à forma, assim como é feito com o conteúdo. As equipes precisam também de tempo para poder "lavar a alma". Faz parte do trabalho.

Lavando a alma

Os diretores da Sofisma, empresa de prestação de serviços de informática, sentem que há algo errado com a equipe de trabalho. Percebem certa frieza, distanciamento, pouca intimidade entre as pessoas. Embora os objetivos do trabalho sejam decididos em conjunto, não existe verdadeiro comprometimento de cada colaborador com as metas globais. Todos se preocupam com suas metas específicas, mas não mostram disposição de contribuir para concretizar as metas da empresa.

Na intenção de reforçar o espírito de equipe, os líderes estabelecem um sistema de remuneração pelo qual, além da participação em seus trabalhos específicos, eles têm direito também a uma certa parte daquela referente aos resultados gerais. Nada acontece de diferente. As pessoas se mantêm distantes.

Não existem conflitos. Todos são profissionalmente bem preparados e competentes. Apenas não interagem. Como empresa de prestação de serviços, a Sofisma é altamente dependente do trabalho de cada um e da sinergia do trabalho de equipe.

Seus líderes acham que deveria haver maior intimidade entre os membros do grupo. Empenham-se em reuniões que tratam apenas dos relacionamentos, sem falar dos objetivos organizacionais, das metas de desempenho, das reclamações dos clientes e dos resultados do mês. Esses encontros, que, em princípio, devem acontecer durante um dia inteiro a cada mês, recebem o nome de Intimatus, intimidade em latim.

"Intimidade" é tornar algo conhecido para outra pessoa. Em seu sentido original, não significava proximidade emocional, mas disposição de fornecer informações honestas, um conceito discutido previamente por membros da equipe.

Na primeira reunião, fazemos um exercício de autorrevelação. O objetivo é que cada um possa ver no outro o ser que existe por trás da fachada do cargo. Para orientar o trabalho, parte-se para o compartilhamento de questões simples e diretas:

- *Como sou enquanto estou trabalhando?*
- *Como sou quando estou descansando?*
- *Como sou quando estou sozinho?*

É impressionante perceber como as pessoas não se conhecem, mesmo algumas que trabalham juntas há muitos anos. Sabem muito pouco umas das outras. Utilizam-se mutuamente como recursos, sem nenhuma apreciação afetiva e convivência.

A segunda reunião trata mais dos sentimentos. Questões partilhadas entre os membros do grupo:

- *O que me atrai e me interessa nos outros?*
- *O que me desagrada e me afasta dos outros?*
- *Meus pontos fracos no trabalho em grupo...*
- *Meus pontos fortes no trabalho em grupo...*

Os membros de uma equipe de verdade sabem quais são as preferências uns dos outros. Declaram abertamente seus sentimentos, sem medo de censura. Querem ser conhecidos e querem conhecer. O conhecimento mútuo aumenta a confiança mútua.

Não se trata de pressionar as pessoas para que contem seus segredos, ultrapassando os limites da privacidade. O que vale são suas opiniões, suas incertezas, seus bloqueios, suas crenças e seus valores.

As reuniões Intimatus continuam acontecendo. As pressões de agenda que todos sofrem não provocam ausências. Todos gostam de participar, de falar de si mesmos, de ser a atração. Ocorrem revelações e declarações de sentimentos.

Resolvemos apimentar um pouco mais os encontros, confrontando as percepções. Pedimos que cada um declare o que faria em situações controvertidas e polêmicas. O conflito é inevitável. Em muitas situações, as pessoas travam discussões acaloradas. Fazemos de cada conflito um bom material de aprendizado. De um lado, o envolvimento aumenta devido ao conhecimento que cada um possui do outro; de outro lado, se amplia também a vulnerabilidade, uma vez que todos estão mais expostos. É o que custa a confiança.

A verdade é que as pessoas que se conhecem mais intimamente despendem menos esforços, fantasiam menos umas sobre as outras e trabalham de maneira mais produtiva. É a forma apoiando o conteúdo. Autorrevelação, declaração de sentimentos, confronto de modelos mentais, precisamos ir mais fundo.

Preparamos a reunião derradeira chamada de "conversa de valor". O objetivo é conversar sobre como cada um dos participantes é percebido no trabalho e como membro da equipe. Todos se preparam previamente e as regras são estabelecidas:

- *"Conversa de valor" é o processo de fornecer informações sem envolver julgamento ou sugestão.*
- *Deve ser descritivo e específico, não avaliativo e genérico.*
- *Deve ser contributivo e útil para quem o recebe sem ser inaplicável e inoportuno.*

- *Deve ser claro, com exemplos para ilustrar se necessário, e cada um deve falar sempre em seu nome, sem ser obtuso nem se referir à impressão de outras pessoas.*

Uma sessão de "conversa de valor" é terapêutica. Todos saem mais aliviados. Pode haver alguns sentimentos de indiferença e mágoa, mas quando cada pessoa percebe como aquelas informações foram úteis, sente gratidão e as relações se fortalecem.

Com o estoque de rancores zerado, todos estão mais propensos a contribuir uns com os outros nas atribulações do dia a dia.

Até quando continuarão existindo as reuniões Intimatus da Sofisma? Assim como as que tratam dos objetivos e dos resultados, as dedicadas aos relacionamentos nunca acabam. É possível diminuir sua intensidade e frequência. É impossível eliminá-las, caso se almeje contar com uma equipe em contínuo crescimento.

As equipes são como geleias que se amoldam conforme o espaço ambiental em que estão inseridas. Nunca estão totalmente acabadas, os sentimentos são renovados, assim como os conflitos. Vez por outra é necessário zerar o estoque de rancores.

As empresas com alma usam as coisas e amam as pessoas, ao contrário do que acontece com as empresas corpo e mente, nas quais as coisas são amadas e as pessoas são usadas. O amor pelas pessoas começa pelo interesse legítimo por elas. As pessoas são o que pensam e o que sentem. Não é possível amá-las sem levar em consideração seus pensamentos e seus sentimentos. Os relacionamentos cuidam dessas considerações. Relacionamentos significam sentimentos e comportamentos com outras pessoas. A existência de "outras pessoas" significa que haverá algum conflito, que frequentemente resulta em estresse. Parte dele é necessária, parte é prejudicial. A alma zela pelo aproveitamento do que é construtivo e releva o que é estéril; zela, enfim, pela qualidade dos relacionamentos.

Você consigo mesmo

O mesmo fato ou acontecimento pode provocar sentimentos diferentes nas pessoas, dependendo da percepção de cada uma. O mesmo fato pode também produzir sentimentos diferentes na mesma pessoa em momentos distintos de sua vida. Talvez seja esta a essência dos processos terapêuticos: sentir-se de modo diferente diante de uma situação que não vai mudar. Em suma, se a realidade não muda, mudam-se os sentimentos, ou melhor, as percepções.

As percepções funcionam como um sistema de memória em que são armazenados vivências, sentimentos, ideias provenientes de experiências individuais ou do que se viu e ouviu de pessoas influentes na vida. Assim, o que as induz adotar atitudes diversas seria a imagem que as pessoas têm das coisas, e não as coisas em si.

O autoconhecimento é o processo de lidar com as percepções e mudar comportamentos. É fazer contato com os próprios sentimentos. Quando a pessoa não se conhece, acaba fazendo o que os outros querem, e não o que ela quer de verdade.

Precisamos reconhecer que os sentimentos não são certos nem errados. Fazem parte de nossa existência e de nossos fantasmas. Lembramos o antigo filósofo romano Epíteto, que dizia: "Não são seus problemas que o estão deixando louco. É a forma como olha para eles".

É bom expressar os sentimentos, pois trata-se de uma maneira de vê-los melhor. Evitar sua expressão implica passividade, que não é a melhor escolha em termos de comportamento. Sentir é diferente de agir. É natural sentir e é recomendável expressar os sentimentos a outra pessoa. O importante é transformar esses sentimentos em comportamentos assertivos, sem agressividade.

As emoções são o sentimento em ação e podem ser mudadas. Conhecendo suas origens é possível, por vontade própria, alterá-las. O psicólogo americano William James dizia que "só o homem, entre todas as criaturas da Terra, pode mudar sua própria vida. Só o homem é o arquiteto de seu destino. A maior descoberta de nossa geração é que o ser humano, mudando as atitudes internas de sua mente, pode mudar os aspectos externos de sua vida".

A base do relacionamento intrapessoal está em meus sentimentos: só posso conhecer-me e relacionar-me comigo quando sou capaz de ouvi-los e identificá-los; quando sou capaz de aceitá-los naquilo que não consigo mudar e mudar o que está a meu alcance; quando sou capaz de expressá-los livremente a mim e a outra pessoa sem as defesas do ego. Quando não digo o que penso e sinto, meu corpo padece: dor de cabeça, dor nas costas, urticária. Elias Coutinho de Macedo, médico psiquiatra, ensina: "O sintoma está no lugar da palavra não dita ou não ouvida".

De todas, a viagem para dentro de si é a mais longa.

Conversando com meus botões

Diz o verso de uma música de Renato Teixeira que "a escolha é sempre simples, o difícil é decidir". Difícil, porém necessário. Tenho de tomar minhas decisões e fazer minhas escolhas antes que alguém o faça por mim. Essa é minha primeira escolha: a opção pela autonomia, não pela dependência.

Preciso definir uma visão pessoal, criando uma imagem futura do que desejo. Se desejo ser uma pessoa plena, minha imagem futura deve abordar os vários aspectos da vida: pessoal, profissional, familiar, de relacionamentos, espiritual. A integridade desses aspectos da vida é a vontade incontida de todos nós. Não devo colocar limites, mas sim sonhar, imaginar, fantasiar, consultar o coração. É importante que considere em minha aspiração pessoal o anseio de servir a algo maior do que somente a mim.

Preciso dar nitidez a minhas imagens: como estou no trabalho, como as pessoas me veem, como eu me vejo, quais são minhas contribuições, como me satisfaço, como é a empresa de meus sonhos; como ajo em família, como meus entes queridos me veem, como eu os vejo, como contribuo para a harmonia do lar e para uma vida alegre; como me relaciono, como trato meus amigos, como eles me veem, como eu os vejo, como trocamos experiências e energias; como estão minhas economias, o que eu gostaria de ter, o que eu gostaria que outras pessoas que ainda dependem de mim tivessem; como estou interiormente, quais são meus sentimentos, como tenho lidado com a serenidade e o contentamento, como está minha saúde física e mental. Tento usar o verbo no tempo presente para me sentir no futuro, agora. Experimento as sensações que surgem dessa experiência. Sinto se são compensadoras.

Desloco-me, então, à realidade. Ao presente, portanto. Esse transporte nem sempre é agradável. A vida "é real e de viés", como verseja Caetano Veloso. É possível que mergulhe em certa depressão. Não importa. Mantenho a disposição de lidar com as emoções que aflorarem nesse exercício. Não há nada de errado com elas. São o resultado de meus modelos mentais, construídos em anos de vivência, e agora sei que posso escolher mudá-los.

Preciso me perdoar, somente assim estarei bem comigo e poderei continuar essa vivência com uma visão positiva do futuro: "Eu me perdoo pelo que lamento ser, pelo que gostaria de ter feito, por não ser inteiramente o que gostaria e por ser apenas eu."

Agora sei que o mundo não girava ao contrário de minha vontade. Entendo que sou protagonista de minha vida e de meu futuro.

Preciso avaliar os obstáculos que existem entre minha visão pessoal de futuro e a realidade. Ao examinar minha visão de futuro faço algumas indagações:

- *O que estaria ganhando se realizasse minha visão de futuro?*
- *O que estaria perdendo se não realizasse minha visão de futuro?*
- *O que me impede de realizá-la?*

Avaliar minha visão de futuro é algo que tenho de fazer à luz de meus valores virtuosos. Os valores vêm do fundo de meu ser e eu os adquiri durante minha educação em casa e na escola, com a religião, com as pessoas que admiro. Devo cuidar de não fazer coisas que firam meus valores. Alguns deles: integridade, simplicidade, compromisso, determinação, equilíbrio.

Antes de prosseguir e escolher o que desejo manter em minha visão pessoal de futuro, faço uma pausa para uma oração: "Concedei-me, Senhor, a serenidade necessária para aceitar as coisas que não posso modificar, coragem para modificar aquelas que posso e sabedoria para distinguir umas das outras".

Posso, então, definir minhas metas pessoais e meus planos de ação. O que devo aprender de novo, que habilidades e conhecimentos tenho de desenvolver, que bloqueios e padrões romper. Quero saber o que, como, quando e quanto devo fazer.

Preciso perceber se minha visão pessoal de futuro é compatível com a visão de futuro da empresa em que trabalho. Caso seja, quero contribuir ao máximo, assim estarei me realizando enquanto colaboro também com os objetivos da empresa. Senão, devo deixar aberto o caminho para alguém que possa realizar-se e ir em busca de meus sonhos.

Enfim, sou responsável por minhas escolhas e minhas decisões. Anseio viver como o personagem de Bernard Shaw, em Homem e Super-homem: *"Eu quero estar completamente desgastado quando morrer porque quanto mais arduamente trabalho mais vivo. Rejubilo-me na vida, por ela própria. Para mim a vida não é um breve círio. É uma espécie de tocha esplêndida que está em meu poder por um momento, e quero fazê-la queimar tão brilhantemente quanto possível antes de passá-la às gerações futuras".*

8 O CORPO

Em busca da saúde do corpo

O corpo é a parte visível e tangível da empresa. É também onde os problemas são visíveis em seus sintomas, mas nem sempre em suas causas. É por isso que muitas empresas estagnam e perpetuam seus problemas, uma vez que não conseguem enxergar as causas não visíveis, geralmente explicadas pelos outros elementos da tríade.

Existem aquelas que, mesmo sendo só corpo, cuidam do que não é preciso. Estão mais para carcaça. Como já vimos, embora não seja suficiente, o corpo é fundamental. Neste capítulo gostaria de mostrar a gestão imprescindível, sem a qual não existe corpo saudável.

O corpo na medida certa

Um cliente insatisfeito devolve certa mercadoria. Até aí, trata-se de um fato corriqueiro na vida das empresas. Em algumas delas, a devolução de uma mercadoria pode envolver até uma dúzia de departamentos distintos.

Exemplo: o setor de recepção recebe os produtos, o depósito os devolve ao estoque, este atualiza os registros, o financeiro determina a que custo eles voltam ao estoque, a contabilidade define se o critério é o PEPS, o UEPS ou o custo médio e acerta a conta de impostos, a área comercial ajusta as comissões de vendas, a tesouraria baixa a duplicata no banco e ajusta o controle de contas a receber.

Apesar da existência de tantas tarefas, nenhuma instância envolvida está orientada para compreender o porquê da devolução, como o cliente está se sentindo e o que fazer para evitar transtornos parecidos. Como se tudo isso não bastasse, existe, ainda, o risco de o cliente ser cobrado indevidamente.

A conclusão desse relato denuncia uma lamentável realidade: as empresas estão utilizando mal o seu corpo. Você pode estar pensando que em sua empresa "as coisas são diferentes". Pois bem. Pense no conjunto de tarefas e afazeres que ocupa a maior parte do tempo e do esforço do seu pessoal e eu estou para apostar que mais da metade não está orientada para produzir resultados.

Veja um exemplo comum em estabelecimentos comerciais: se sumir um par de meias, o gerente é capaz de virar a loja de pernas para o ar na tentativa de encontrá-lo. É possível que alguns funcionários sejam revistados na saída. Se, por outro lado, um cliente sair sem comprar, todos dão de ombros, inclusive o gerente.

A conclusão desse exemplo também é lamentável: o par de meias vale mais do que o cliente e, de novo, o controle é mais importante do que o resultado.

O corpo aprisionado

É claro que em sã consciência todos querem satisfazer os clientes e obter os melhores resultados, mas dentro de cada um de nós reside um carcereiro, alguém que precisa tomar conta do prisioneiro e não pode deixá-lo fugir. O problema é que o carcereiro é tão prisioneiro quanto o detento. E é isso que os líderes estão fazendo com o corpo da empresa: transformando-o em uma cela que aprisiona a criatividade e domina o pensamento. Daí as pessoas presas às tarefas e afazeres, ao trabalho sem significado, às rotinas sem propósito, alienadas e isentas. "Esse não é meu departamento" é uma frase que demonstra o baixo nível de compromisso.

Mantendo a analogia, em uma empresa, as pessoas parecem ter bolas de ferro acorrentadas nas pernas. Essas bolas de ferro têm nomes conhecidos e até respeitados: organograma, departamento, cargo, norma, tarefa. Pare para pensar: tudo isso foi criado para manter o controle, não obter resultados.

Tente responder: quem é responsável pelo lucro, na sua empresa? Todos e ninguém. Os departamentos são responsáveis por manter algumas coisas sob controle, mas nenhum é responsável pelo lucro; os cargos abrigam tarefas e responsabilidades, mas nenhum é responsável pelo lucro do negócio; o organograma satisfaz a necessidade de controle e comando do líder principal, mas não está orientado para resultados.

Parece que estamos todos convencidos de que uma empresa precisa ser enxuta, flexível, receptiva, inovadora e eficiente para que possa atuar com sucesso em uma economia mais competitiva, mas nem todos querem abolir seu lado controlador. Alguns líderes reduzem o quadro de pessoal, acreditando que com isso estão desburocratizando a empresa. O máximo que conseguem é sobrecarregar e estressar aqueles que ficam.

É preciso enxugar os processos, eliminar os controles e compartilhar com todos as informações sobre o negócio e os resultados. Por falar em informações, vamos ver como funciona o sistema de decisão, em uma empresa que não preza seu sistema de informações.

Os males do "achismo"

"Assim não dá!", exclama irritado o gerente de vendas. "Nossa equipe vem atingindo mensalmente as metas de vendas e a empresa está sempre sem dinheiro"

"Acontece que nossos preços estão defasados e não conseguimos boa margem de lucro", explica o gerente financeiro, com ar de cansaço.

"Não é possível", retruca mais indignado ainda o gerente de vendas.

"Estamos vendendo a preços superiores aos da concorrência. Só conseguimos atingir nossas metas devido às boas condições de atendimento que oferecemos, esticando um pouco o prazo de recebimento. A margem de lucro é baixa por causa desses juros altos que você contrata com os bancos."

"Mas o que posso fazer? Se necessitamos de recursos, temos de recorrer aos bancos e os juros são esses mesmos que estamos pagando", responde inconsolável o gerente financeiro.

"A verdade é uma só", afirma categórico o gerente de vendas. "O problema está nas despesas financeiras. Enquanto não nos

livrarmos delas, não teremos bons preços para negociar. Seremos obrigados a continuar oferecendo prazos maiores que os da concorrência. Aliás, estamos tirando leite de pedra, já que conseguimos aumentar nossos volumes de vendas e atingir nossas metas. Estamos fazendo nossa parte. Você é quem deve cumprir a sua."
E fim de papo.

Qualquer semelhança com fatos reais *não é mera coincidência*. Esse diálogo é corriqueiro. Costuma acontecer em muitas empresas, principalmente entre as áreas comercial e financeira. O fim do diálogo também é muito parecido com esse. Tudo fica do jeito que estava quando começou, e a empresa não cria alternativas que possam tirá-la do impasse.

Ao analisar essa conversa, podemos extrair alguns dados muito comuns nas empresas:

1. Durante todo o tempo o diálogo é embasado em sensações, impressões, palpites. Não existem informações que fundamentem a conversa. O único dado concreto é o "volume de vendas". Todos "acham", ninguém tem certeza. Faltam informações gerenciais que permitam a tomada de decisões.

2. O gerente financeiro está acuado diante da prepotência do gerente de vendas. Afinal, este consegue atingir suas metas e aquele não pode resolver o problema de caixa. Aqui existe outra questão comum nas empresas: o famoso "faça o seu que eu faço o meu". Os objetivos principais não são determinados nem há consenso. Dessa forma, é impossível que todos dirijam seus esforços no mesmo sentido.

3. Na impossibilidade de operar a preços melhores, o gerente de vendas tem orientado sua equipe para oferecer prazos mais dilatados de pagamento aos clientes. Isso traz a necessidade de recursos adicionais para que a empresa possa financiar seus clientes. À medida que o lucro não consegue cobrir essa nova necessidade de recursos, a empresa recorre aos bancos em

busca de auxílio financeiro. Resultado: mais despesas financeiras, menos lucros.

4. O gerente de vendas se vangloria do crescimento das vendas e das metas atingidas. Ora, aumentar as vendas implica maiores estoques, mais duplicatas a receber, mais despesas operacionais e, portanto, mais necessidades de caixa. O gerente de vendas atrapalha, em vez de ajudar.

5. O gerente financeiro não está munido de informações que possam orientar a ação da área comercial. Não utiliza o principal instrumento de orientação, o planejamento financeiro. Com isso não consegue demonstrar ao gerente de vendas os impactos causados pela forma de trabalho que a empresa está adotando. Na falta de informações e de projeções os gerentes não conseguem decidir. Resultado: a empresa perde rentabilidade e enfraquece-se diante da concorrência.

6. O diálogo não deu em nada. Os erros serão repetidos e a situação agravada. Os gerentes da empresa não criaram planos de ação que pudessem reverter o quadro.

Para remontar o diálogo, o gerente financeiro deveria estar munido de relatórios com dados atualizados e confiáveis, dos quais pudesse extrair as seguintes informações:

- De quanto lucro a empresa necessita?
- Que opções de formação de preços garantem menor volume de vendas e maior montante de lucros?
- Escolhida a alternativa, que mix de produtos orienta melhor composição de estoques e, por conseguinte, de compras?
- Qual é a estrutura ideal de despesas fixas?
- Para as várias relações de volume de preços, que novas necessidades de capital de giro a empresa terá para financiar sua atividade?
- Que redução de preços pode ser compatibilizada com redução de prazo de vendas?

Essas e outras questões deverão ser conhecidas na reunião dos gerentes da empresa. A partir daí torna-se mais fácil escolher a melhor opção e combinar novos objetivos e metas. O novo diálogo decorrerá, sem dúvida nenhuma, em alto estilo.

É preciso ter informações na medida certa e capazes de servir de apoio ao processo decisório, em vez de "achismos" que só fomentam a alienação e contribuem para cercear a autonomia e a criatividade.

O impasse entre o controle e a flexibilidade

Sempre existirá um duelo entre o controle e a flexibilidade. A burocracia tem criado corpos robustos e... doentes. Como ferramenta de domínio de líderes autoritários, a burocracia reforça os controles em detrimento da flexibilidade. É claro que não se sugere o controle zero, mas, no embate entre controle e flexibilidade, o primeiro está em desvantagem.

Empresas sob controle rígido não se concentram no que gera resultados. O contador gasta o mesmo tempo procurando a diferença entre ativo e passivo, seja de cinco centavos, seja de cinco milhões. O comprador gasta a mesma energia e utiliza a mesma estrutura para cotar uma aquisição de mil reais ou de um milhão de reais. A produção usa o mesmo processo para atender clientes com problemas e necessidades diferentes, conseguindo o impressionante feito de deixar todos insatisfeitos.

Lembre-se de Pareto

Uma empresa de assistência técnica de computadores leva de dez a quinze dias para consertar os microcomputadores deixados em sua oficina. Como os clientes têm urgência de receber as máquinas de volta, essa demora gera grande insatisfação. Em uma análise mais acurada, verifica-se que a média de tempo que demanda um conserto é de vinte minutos. Todo o restante é gasto com inspeção, controle, retrabalho, movimentação de peças e espera de itens para processar em outras etapas. Verifica-se que a maior parte do lapso, então, nada tem a ver com geração de resultados. A empresa perde tempo, dinheiro e clientes.

A solução é inspirada na Lei de Pareto e na famosa relação 80/20. As demandas são classificadas em três categorias:

1. *Casos triviais, facilmente resolvidos por técnicos menos gabaritados, em tempo recorde de vinte minutos.*
2. *Casos de dificuldade média resolvidos por técnicos mais experientes.*
3. *Casos complexos resolvidos por equipes técnicas especializadas.*

Os casos triviais representam cerca de 80% das demandas e para eles é criado um processo específico. Outro se destina aos casos de dificuldade média, que representam cerca de 15% dos consertos. Por último, resta um terceiro, específico e mais sofisticado, para os casos complexos, que normalmente não ultrapassam 5% do total das demandas.

Simples? Pois bem, examine como isso funciona em sua empresa ou área de responsabilidade. Questione: os processos estão orientados por tipos de demanda e necessidade?

Penso que em grande parte não é o que ocorre. Trata-se de uma herança da velha economia, quando as empresas foram organizadas para a busca de produtividade e, assim, o trabalho foi dividido em tarefas simples e repetitivas. Existia também uma crença por trás disso: de que os trabalhadores são pouco qualificados e de baixa inteligência. Se as tarefas são simples, os processos tornaram-se complexos.

O que as empresas de bom corpo estão fazendo

O atual desafio do corpo é criar processos simples. Para isso, as tarefas se tornarão mais complexas. As empresas de bom corpo estão:

- Eliminando tarefas que não agregam valor.
- Combinando várias tarefas em uma.

- Dando mais autonomia para os funcionários.
- Criando uma ordem natural para as etapas de um processo.
- Criando múltiplas versões para um processo, a fim de atender múltiplos clientes.
- Reduzindo verificação e controle.

Para que isso aconteça, os líderes terão de aumentar o poder de decisão e a autonomia dos funcionários, o que implica acreditar na inteligência e na competência das pessoas, mas isso já foi visto no capítulo sobre a alma.

Aqui nos resta acreditar que a redução dos atrasos, dos custos e das despesas gerais, bem como o melhor atendimento aos clientes recebem o nome de resultados e lucro. E é essa a principal função do corpo.

O tamanho ótimo da empresa

O economista inglês David Ricardo foi o precursor do conceito da lei dos rendimentos decrescentes, em que apregoa que, a partir de determinado volume de produção, uma empresa já não gera resultados compensadores. Segundo Ricardo, isso ocorre em todas as atividades econômicas, em diferentes escalas de operação. Em outras palavras: crescimento tem limites. E reconhecer o tamanho ótimo da empresa é uma das principais contribuições do corpo.

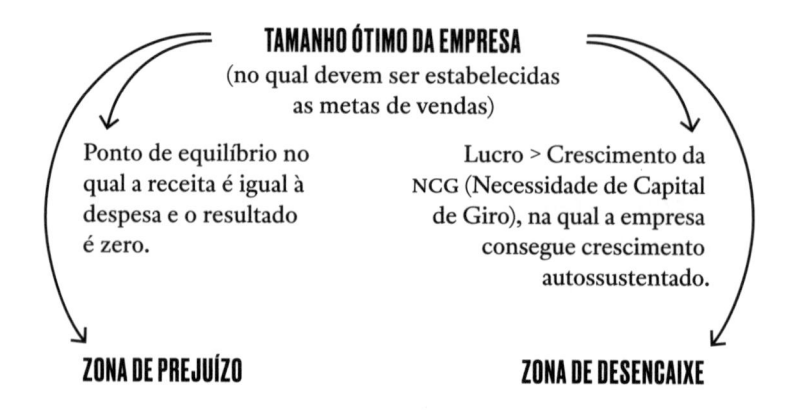

TAMANHO ÓTIMO DA EMPRESA
(no qual devem ser estabelecidas as metas de vendas)

Ponto de equilíbrio no qual a receita é igual à despesa e o resultado é zero.

Lucro > Crescimento da NCG (Necessidade de Capital de Giro), na qual a empresa consegue crescimento autossustentado.

ZONA DE PREJUÍZO　　　　**ZONA DE DESENCAIXE**

A empresa deve buscar seu tamanho ótimo entre dois pontos cruciais:

- O ponto de equilíbrio;
- O ponto em que o lucro é capaz de financiar as necessidades de capital de giro.

Estar aquém do tamanho ótimo significa operar na zona de prejuízo, ou seja, no vermelho. Se persistir essa situação, a empresa estará deteriorando seu patrimônio e indo à bancarrota.

Ir além do tamanho ótimo significa operar com elevada necessidade de capital de giro, incapaz de ser financiada pelos lucros obtidos. É a zona de desencaixe, ou seja, mesmo obtendo lucro, a empresa não consegue formar caixa. É lucrativa, porém sem liquidez e com grande chance de se tornar inadimplente.

Operar com tamanho ótimo significa formar riquezas pela geração de lucros, que por sua vez financiam as necessidades adicionais de recursos. O corpo é saudável do ponto de vista econômico-financeiro se possuir liquidez, lucratividade e rentabilidade, o que só pode correr nesse espaço denominado de tamanho ótimo.

Para chegar a ele, é preciso conhecer com segurança as respostas às seguintes questões:

"Qual é o volume adequado de vendas?"

"Qual é o ponto de equilíbrio da empresa?"

"Qual é a necessidade de capital de giro para o volume adequado de vendas?"

"Que medidas devem ser tomadas para que a empresa não tenha de depender de empréstimos bancários?"

"Caso seja eventualmente necessário, até qual montante o endividamento é viável?"

"Qual é a taxa de retorno da empresa?"

"Qual o tamanho ótimo da empresa?"

Uma dica para os menos afeitos a números: estamos no fim da era do especialista, em que o profissional de marketing não se intrometia nos assuntos financeiros e de recursos humanos; o profissional de RH não se ligava nos temas de mercado e finanças; o profissional da produção buscava apenas a produtividade, alheio a todas as outras facetas da empresa; e o profissional de finanças e contabilidade enfurnava-se em seu feudo registrador das transações mercantis e controlador dos recursos sem se envolver com o principal centro de lucros de uma empresa, o mercado.

Estamos na era do especialista sistêmico, capaz de compreender as conexões de sua área com todas as outras da empresa.

O Balanço CMA

Medir os resultados é uma das principais funções do corpo da empresa. É para isso que servem os indicadores de desempenho. Na empresa-objeto, os indicadores medem apenas o desempenho do corpo, via indicadores econômico-financeiros e alguns outros de produtividade e qualidade. Isso faz com que todas as atenções e esforços se dirijam ao corpo, acentuando o desequilíbrio da tríade.

A empresa de corpo, mente e alma é única em seu arranjo estratégico, na formação de sua equipe, em seu estilo de liderança, nas relações que estabelece com o mercado. Como é única, deve adotar também um conjunto próprio de indicadores de desempenho.

O tradicional balanço financeiro e contábil mede a parte visível e tangível dos bens e direitos de uma empresa, mas não seu capital humano e intelectual. É preciso desenvolver uma visão ampla e sistêmica de resultados que contemple também a mente e a alma da empresa.

Um Balanço CMA, com indicadores de corpo, mente e alma é a proposta de medição do desempenho de uma empresa plena, que obtém resultados por meio do comprometimento dos colaboradores e da fidelização dos clientes.

Algumas sugestões de itens para formular metas de indicadores de desempenho:

Corpo

- Produtividade dos processos.
- Ponto de equilíbrio.
- Margens de lucratividade.
- Margens de contribuição de produtos.
- Necessidade de capital de giro.
- Qualidade dos produtos.

Mente

- Satisfação dos clientes.
- Margens de contribuição de clientes.
- Captação de clientes.
- Fidelização de clientes.
- Imagem da empresa.

Alma

- Comunicação interna.
- Motivação da equipe.
- Eficácia de equipe.
- Criatividade das pessoas.
- Qualidade da liderança.

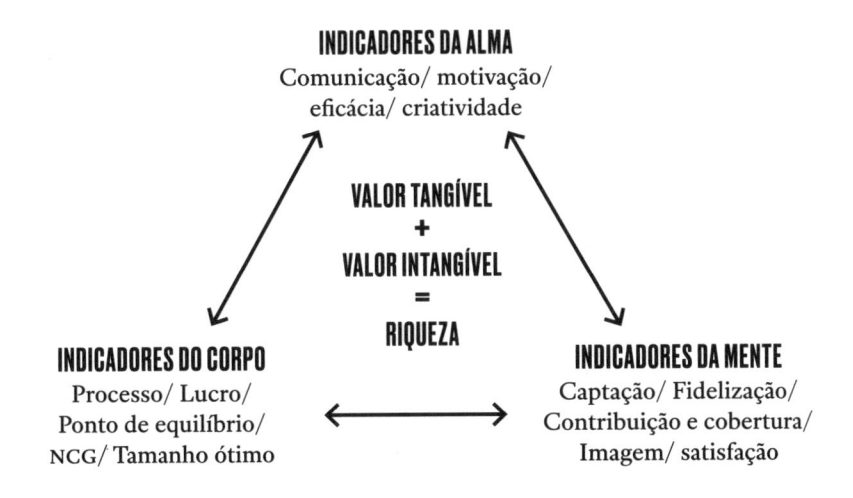

Outros agentes, como fornecedores, investidores, financiadores e acionistas, contribuem para o sucesso de uma empresa. Se a participação de algum deles é importante para o negócio, então que seja considerada na forma de indicadores que traduzam o grau de satisfação deles.

Se o objetivo é ter uma empresa plena, é preciso que os indicadores sejam escolhidos com base no equilíbrio da tríade. Muitas empresas apresentam desempenhos medíocres por medir apenas o corpo. É como se quisessem ganhar o campeonato de olho apenas no placar. Outras têm desempenhos irregulares por medir corpo e mente ou corpo e alma. Desempenhos plenos provêm de empresas plenas que mensuram o corpo, a mente e a alma.

É importante que os indicadores de desempenho sejam escolhidos pelo próprio pessoal que fará uso deles para apoiar as decisões. Alguns líderes preferem trabalhar com indicadores quantitativos. Outros consideram melhor caminhar, ouvir e conversar. O Balanço CMA contempla tanto os indicadores quantitativos como os qualitativos.

O leitor já deve ter percebido que alguns indicadores que sugerimos são de mensuração difícil. Acredite: nem tudo o que é importante pode ser medido, mas tudo pode ser percebido. Indicadores qualitativos baseados na percepção de uma equipe são de grande valia. O fundamental é que todos saibam o que se espera deles e como a empresa e o negócio serão avaliados.

A avaliação em equipe, que compara resultados obtidos com indicadores almejados, é um momento importante de aprendizado, tanto em grupo como individualmente.

Cada um amplia sua visão sistêmica enquanto fortalece valores, missão, negócio, diferenciais, competências, objetivos e metas. Cada um aprende para onde deve canalizar sua atenção, seu tempo e esforço. Cada um sabe como contribuir para o equilíbrio que gera a empresa plena. Cada um decide onde colocar sua energia e elevar seu grau de compromisso.

Os indicadores de desempenho servem para garantir os melhores resultados. Se a missão foi gerada para conquistar o comprometimento da equipe (alma) e o negócio foi concebido para alcançar a fidelidade do cliente (mente), os indicadores devem assegurar que a missão e o negócio sejam efetivados. Se a visão de futuro (confira no próximo capítulo) define para onde a empresa deseja ir, os indicadores sinalizam os avanços e os obstáculos dessa caminhada.

No Balanço CMA, o corpo contribui com a alma e a mente para a formação de riqueza.

9 A EMPRESA PLENA EM FUNCIONAMENTO

Decisões em doses

Os gráficos que apresentam os resultados da indústria de doces dietéticos Naturaleza não são nada animadores: as vendas vêm caindo mensalmente, e, com elas, também os lucros. A empresa opera abaixo do ponto de equilíbrio há três meses e sua situação econômico-financeira vem se agravando. Os diretores estão irritados e precisam agir. Decidem adotar as seguintes medidas:

Setor de marketing
- *Tirar de linha os doces dietéticos feitos por encomenda, devido à baixa margem de contribuição.*
- *Estudar mudanças das embalagens de produtos "linha de frente", geralmente vendidos nos check-outs dos supermercados.*

Setor de vendas

- *Fazer ações promocionais que desovem os produtos de linha pela concessão de descontos (a ordem é cobrir sempre a oferta dos concorrentes).*
- *Aumentar as comissões de vendedores e operadores de televendas.*

Setor de produção
- *Intensificar a melhora da qualidade, dentro dos padrões da ISO 9000 para evitar retrabalho, perdas e desperdícios.*

Setor financeiro
- *Contenção austera de despesas e rigor no cumprimento do orçamento.*
- *Corte de 15% da mão de obra.*

O procedimento dos diretores da Naturaleza é típico das empresas que tomam decisões sem se basear em informações confiáveis e não adotam a visão sistêmica para elaborar um diagnóstico mais preciso. Ao mesmo tempo, cada uma das medidas é estanque, sem mútua relação direta. É preciso incluir outros dados.

Informações advindas do corpo

Ao detalhar os indicadores de resultados, verifica-se que a rentabilidade da empresa está sendo afetada mais pelos giros do que pelas margens. Os volumes estão em queda acentuada, independentemente das margens que estão sendo consideradas.

Uma observação mais profunda dos indicadores de desempenho revela que as contas de despesas, inclusive a folha de pagamentos, têm permanecido constantes ao longo do tempo, ou seja, são iguais às do período em que a empresa estava em um bom patamar de vendas e operava com resultados positivos.

Prosseguindo no processo de investigação, percebe-se que a linha de produtos que sofreu maior queda de giros é aquela formada pelos doces dietéticos feitos por encomenda, que apresentam a menor margem de contribuição em valores.

Apenas por essas informações do corpo, notam-se algumas decisões equivocadas:

- *Ações promocionais voltadas à redução de preços só farão diminuir ainda mais a rentabilidade, combinando a queda de giros com a queda de margens. Até aqui, não há nenhuma informação que explique a queda de giros por causa dos preços.*
- *O problema dos giros está mais acentuado nos produtos por encomenda. Ainda assim, a maior parte das correções incide sobre os produtos de linha.*
- *O aumento das comissões e a concessão de descontos só farão diminuir ainda mais a rentabilidade, por ampliar a queda de margens. Não há garantia nenhuma de que essas ações irão aumentar o giro.*
- *A contenção de gastos e o corte de 15% da mão de obra são infundados. Historicamente, a empresa tem conseguido obter boas taxas de retorno com esses patamares de despesas.*

Informações sobre a mente

De fato, a participação da Natureza no mercado tem sido afetada nos últimos meses. Há muito seus diretores dizem que a concorrência está sob controle. A Natureza estava entre as primeiras a introduzir produtos dietéticos no mercado. Foi líder do mercado de doces dietéticos populares do tipo leite, amendoim e caju. Tem boa distribuição e sua imagem é fixada pelo pioneirismo.

A introdução dos produtos dietéticos por encomenda tinha sido uma ideia genial, na época. Fabricados à luz da ciência, esses itens eram recomendados pelos médicos, que indicavam a Natureza aos pacientes. Essa linha, inclusive, tinha o charme do produto personalizado, feito especialmente para aquele cliente.

Houve, no entanto, um crescimento rápido da concorrência e uma queda acentuada dos produtos por encomenda da Natureza. A esse respeito realizou-se uma pesquisa, cujos resultados deixaram os diretores boquiabertos. Um dos concorrentes, justamente o que estava avançando mais no mercado, utiliza diferenciais que vêm ao encontro do que os clientes verdadeiramente querem: cumprimento de prazo, entrega em domicílio e serviço de atendimento ao cliente. Ou seja, duas crenças dos líderes da Natureza eram infundadas: "conhecemos nossos clientes; não vão mudar de repente" e "os concorrentes estão sob controle". Ao procurar razões para a debandada, eles constatam que sua empresa vinha atrasando a entrega dos doces dietéticos e os clientes, fartos de tanto reclamar, procuravam outros fornecedores. O programa de qualidade não está conseguindo evitar os atrasos e os cancelamentos.

Com essas novas informações, constata-se que outras decisões estão equivocadas:

- *A eliminação da linha de doces dietéticos por encomenda.*
- *A mudança das embalagens dos produtos de linha.*
- *A melhora da qualidade nos moldes da ISO 9000 parece não ter dado bons resultados. A intensificação do programa merece ao menos ser revista.*

- *O corte de pessoal será prejudicial, caso a empresa opte por manter a linha por encomenda.*

Informações sobre a alma

Existe uma realidade oculta, portanto os diretores da Natureza a desconhecem totalmente. Não têm a menor ideia, mas ali impera a insatisfação e a desconfiança, ambas em elevado grau. É o que revelam alguns depoimentos:

"Os objetivos malucos da diretoria sempre recaem sobre nós. As metas são impraticáveis" (operadora de televendas).

"O aumento das comissões é uma boa ideia, assim consigo manter meu ganho sem precisar visitar tantos clientes" (vendedor).

"Os homens vivem dizendo que a situação financeira está ruim, mas a diretoria acaba de trocar os carros nacionais por importados!" (porteiro).

"Aqui é cada um por si. Ninguém ajuda ninguém. Não sei para que esse programa de qualidade" (funcionário da produção).

"Não sei aonde essa empresa quer chegar. É uma das pioneiras do ramo, já não está bom?" (encarregado da produção).

"Não confio no pessoal do escritório. Só despacho as mercadorias se estiverem conforme as normas. As normas existem para ser seguidas. O cliente que espere" (chefe da expedição).

"Nosso objetivo é colocar produtos em qualquer supermercado onde haja um check-out" (gerente de marketing).

Como já vimos, a alma trata das causas não visíveis dos problemas. Boa parte do que está acontecendo com a Natureza é explicada pelas distorções das percepções traduzidas nos sentimentos das pessoas. Vejamos:

- *As informações precisam ser compartilhadas. Quando não ficam disponíveis para todos, surgem as miragens. A miragem é o mundo que cada um cria por sua conta. O problema é que os comportamentos são adotados por causa dessas miragens, e não com base na realidade.*

- *Não existe visão compartilhada entre os líderes da empresa e a equipe de vendas. O que é bom para a diretoria não é bom para os vendedores. O aumento das comissões amplia ainda mais o risco de uma possível queda de giros, agora combinada com a redução da margem.*
- *O programa de qualidade tem sido implementado em termos de conteúdo, nenhuma atenção foi dada à forma. Em outras palavras, os objetivos são lógicos e racionais, mas desconsideram aquilo em que as pessoas acreditam e sabem sobre relacionamento e trabalho de equipe. Os resultados serão parcos e provisórios. Nada acontecerá se não houver aprendizado das dinâmicas de trabalho de equipe.*
- *A empresa está perdendo o foco e o pioneirismo, como os diferenciais. Por consequência, está perdendo o vínculo com o cliente.*
- *A elaboração dos orçamentos deverá ser feita depois dos ajustes das percepções e do esboço de uma visão conjunta.*
- *Os líderes da Naturaleza esquecem que tudo acontece por intermédio das pessoas, portanto os resultados só podem ser revertidos se elas estiverem predispostas a conseguir isso.*

A Naturaleza necessita tirar proveito da metodologia da tríade corpo, mente e alma. Por meio de um diagnóstico apurado, sustentado em uma visão mais abrangente da empresa como um todo, é possível melhorar a rentabilidade do negócio, o posicionamento de mercado e a criatividade dos colaboradores. É disso que trata este capítulo.

Pensamento linear

No processo de tomada de decisões com base no pensamento linear, as decisões em geral são óbvias e simplistas. Atenuam os sintomas, protelando um diagnóstico mais profundo e desviando a atenção das causas reais do problema. Exemplo:

LUCRO = RECEITAS − DESPESAS

Muitos acreditam que essa é a fórmula dos resultados e passam seus dias pilotando o fluxo de caixa, com o intuito de elevar ao máximo as receitas e reduzir ao mínimo as despesas.

Quando esse é o entendimento do que seja *resultado,* defrontamo-nos com um mundo reduzido, feito de apenas duas variáveis: as receitas e as despesas.

Mesmo que a primeira variável seja desdobrada em outras duas, o volume e o preço, ainda assim é um território limitado para atuar. A segunda variável também se desdobra em outras duas: as despesas fixas e as variáveis. O mundo permanece restrito, com parcas possibilidades. Geralmente, nessas circunstâncias, o que acaba acontecendo é a redução das despesas como alívio do sintoma e protelação da causa.

Pensamento sistêmico

Ver a empresa sob a ótica do corpo, da mente e da alma permite um diagnóstico mais apurado, evitando que se cometam erros, alguns irreparáveis.

A visão integral possibilita enxergar a tríade atuando simultaneamente. Nenhuma parte da tríade atua de maneira isolada. A ligação entre elas permite uma realimentação na qual cada nível é tanto "causa" quanto "efeito".

$$\text{RESULTADO}$$
$$=$$
$$\text{EQUIPE COMPROMETIDA}$$
$$+$$
$$\text{CLIENTE FIDELIZADO}$$

Nesse caso, estamos diante de eternos desafios: o da equipe comprometida e o do cliente fidelizado.

Existe um universo de possibilidades por trás dessa equação. A busca contínua tanto do comprometimento da equipe quanto da fidelização do cliente fará com que a empresa evolua no corpo (realização), na mente (fidelização) e na alma (comprometimento).

Não se trata, pois, da solução de algum problema imediato ou de curto prazo, mas da construção da empresa plena, capaz de gerar resultados no curto, médio e longo prazos.

Fidelização: a contribuição da mente para a empresa plena

A concorrência está cada vez mais acirrada, no mundo empresarial, como sabem todos os que dele participam. As tecnologias, as informações e os processos estão criando produtos muito parecidos. Aparelho de TV *A* ou *B?* Aparelho de som *X* ou *Y?* Automóvel *alfa* ou *beta?* Macarrão da *mamãe* ou da *vovó?* Como conseguir um espaço na mente do cliente? Como destacar-se?

Uma coisa é certa: não existe mais o que os mercadólogos chamavam de vantagem competitiva definitiva. A rapidez com que têm mudado as tecnologias, as demandas advindas de novos comportamentos dos consumidores e os modos de produção faz com que as vantagens competitivas se tornem perecíveis quando menos se espera. Estender o ciclo de vida de um produto é desafio diário.

A solução tem sido criar diferenciais e revê-los constantemente. Isso implica pôr a mente em funcionamento pleno.

A comunicação com o cliente precisa ser estreita e intensa. Não basta apenas saber se o produto ou serviço está atendendo às necessidades dele. É preciso conhecer o processo do cliente, saber o que ele faz de fato com nossos produtos ou serviços, informar-se a respeito de seus planos futuros para resguardar-se e continuar a atendê-lo hoje e amanhã. É preciso fazer com que o cliente perceba valor naquilo que estamos entregando a ele. Para isso, o produto deve atender a seus requisitos quanto a tamanho, cor, quantidade, qualidade, garantia, tempo de entrega, preço etc. Mas atendê-lo dentro de seus requisitos logo passa a ser lugar-comum. O desafio é ir além. Surpreendê-lo com algo que valorize e não havia solicitado, mas que nós soubemos identificar e agregar ao produto ou serviço.

Existem quatro situações possíveis:

Esse é caso da empresa que está de costas para o seu cliente e produz e vende para quem quer que seja. Não existe nenhum tipo de vínculo. De um lado, desperdício total da oferta; de outro, insatisfação total do cliente.

Nesse caso existe algo na oferta que corresponde à demanda. Ainda assim, há muito desperdício por parte dos produtos e serviços oferecidos e muita insatisfação por parte do cliente.

EMPRESA FOCADA NAS NECESSIDADES DOS CLIENTES

PRODUTOS E SERVIÇOS OFERECIDOS = PRODUTOS E SERVIÇOS ESPERADOS

Satisfação

Nesse caso, a empresa está conectada com o cliente. Com isso, reconhece o que ele busca, suas necessidades, desejos e anseios. Corresponde por meio de uma oferta que se encaixa perfeitamente à demanda. Não há desperdício de produtos e serviços nem insatisfação por parte do cliente.

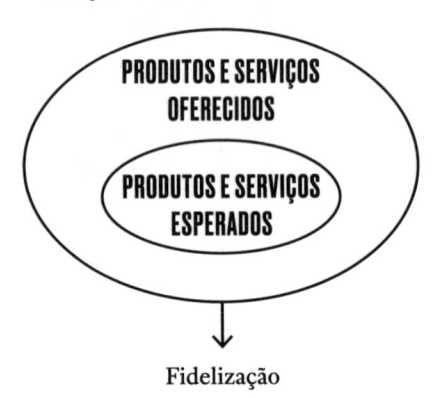

EMPRESA TOTALMENTE FOCADA NO CLIENTE, MAS QUE BUSCA SUPERAR EXPECTATIVAS

PRODUTOS E SERVIÇOS OFERECIDOS

PRODUTOS E SERVIÇOS ESPERADOS

Fidelização

Agora sim, a fidelização! E isso acontece porque a empresa sabe ir além das demandas declaradas. Surpreende criativamente o cliente com uma oferta que supera as expectativas de satisfação. Certamente, não apenas a satisfação material, mas também emocional.

O processo de avaliação de um produto pelo cliente é muito característico de suas crenças, valores, dúvidas, receios, experiências e sentimentos. Essa análise não se restringe às características, mas também envolve fatores intangíveis. No entanto, a tendência das empresas, principalmente as que priorizam o corpo, é preocupar-se em demasia com os aspectos visíveis dos produtos ou serviços.

Lembre-se dos cinco grupos de fatores que, combinados entre si, podem criar o melhor diferencial:

- Valores progressistas
- Vantagem criativa
- Serviços
- Qualidade
- Condições comerciais

Já tratamos dos diferenciais no capítulo sobre a mente. É importante salientar dois tipos de força motriz segundo os quais as empresas elegem seus diferenciais:

1. Produtos oferecidos: a empresa produz o que sabe e distribui no mercado.
2. Necessidades do mercado: a empresa aprende a fazer aquilo que o mercado requisita.

A primeira força motriz imperou na maioria das empresas até o início da década de 1980 e fez o sucesso de muitos empreendimentos. As regras do jogo econômico mudaram e continuam se alterando de forma acentuada e rápida. A segunda força motriz tem sido a tônica das empresas que estão se destacando.

As empresas voltadas para o corpo sempre procuram melhorar a produção para aprimorar o produto. Conseguem, quando muito, continuar cada vez mais parecidas. Fazem a tentativa de se diferenciar através dos serviços. No entanto, os serviços dependem de gente, de suas habilidades e atitudes. E aí as coisas se complicam. Chefes autoritários não conseguem fazer com que as pessoas se comprometam com diferenciais na base da imposição e da persuasão. Somente líderes participativos são capazes de fazer as pessoas se comprometerem com tais diferenciais e, mais ainda, que sejam porta-vozes dos clientes em suas novas demandas. É a alma contribuindo com a diferenciação.

Comprometimento:
a contribuição da alma para a empresa plena

O melhor produto do comprometimento é a criatividade. Nunca se ouviu falar tanto em inovação nos ambientes organizacionais. Inovar depende da criatividade. E criatividade é a capacidade de dar respostas novas e diferentes às situações do dia a dia.

As empresas do passado pagavam bem para as pessoas que não "inventavam moda". Mudar era um estorvo e uma ameaça ao modelo burocratizante que imperava então. Hierarquias rígidas, normas e procedimentos, manuais de organização, circulares e memorandos, tudo existia para impedir a mudança, sufocar a nova ideia e tolher a criatividade. Essas empresas têm visto sua competitividade e rentabilidade irem para o esgoto.

Hoje, os líderes se empenham em tornar suas empresas ágeis e em abrir espaços para a criatividade. As grandes corporações tentam transformar-se em pequenas unidades de negócios, para aproveitar ao máximo a inteligência e a imaginação das pessoas.

Alvin Toffler delineou o surgimento da terceira onda, denominada de sociedade da informação: estávamos adentrando a era da inteligência. Tom Peters brincou com a ideia e profetizou o surgimento de uma quarta onda: a da criatividade, na qual a imaginação será valorizada.

Mas não é fácil conseguir que a criatividade aflore no ambiente de trabalho. Não basta romper com a rigidez dos organogramas e fluxogramas.

A difícil tarefa dos líderes é ultrapassar os bloqueios mentais e gerar um ambiente de trabalho propício à criatividade. Qualquer chefe consegue fazer um subordinado entrar às oito da manhã e sair às seis da tarde. Mas nem todos têm capacidade de fazer com que o funcionário coloque sua imaginação e seu talento criativo à disposição da empresa e do negócio. As pessoas só criam se quiserem. Essa é uma decisão eminentemente pessoal e que não é tomada por força de ordens ou regras.

Somente os líderes com alma são capazes de estimular um ambiente propício à criatividade, no qual a energia psicológica chamada comprometimento possa ser gerada. Ai, sim, as pessoas se dispõem a criar, uma vez que estejam comprometidas e energizadas. Mais do que isso: elas se sentem gratificadas em criar. É algo que mexe com seus sentimentos de competência e autoestima. Querem lamber o rebento, a criatura, o resultado final da criação. Quem cria se sente dono. Mais um fator que aumenta o comprometimento.

Não há espaço para a criatividade em ambientes repressores e punitivos. A criatividade também não aflora naqueles onde impera a baixa relação de confiança entre as pessoas. Exigir comprometimento e criatividade de alguém que bate o relógio de ponto duas vezes por dia e tem de se submeter a uma humilhante revista, na saída, é pedir demais e acreditar em contos de fadas.

O processo criativo é resultante de empresas com alma. Para a criatividade surgir é necessário romper com dois tipos de bloqueio: o pessoal e o organizacional.

Os bloqueios pessoais estão relacionados com os modelos mentais. Existem pessoas que acreditam não ser criativas. Acham que é um dom reservado a talentos como Mozart, Leonardo da Vinci e Michelangelo. Referem-se mais à genialidade que à criatividade.

Ser criativo não significa ser original nem pioneiro de determinada ideia, mas sim agir de maneira diferente. De uma mente desbloqueada pode surgir um trabalho que, mesmo sem ser original, imprime à empresa uma nova maneira de ser e de fazer. É inovador, para aquele ambiente.

Outra crença equivocada em relação à criatividade é o de ser resultante da inspiração e, por isso, praticamente exclusiva dos artistas. O próprio Michelangelo dizia que se soubessem de seu esforço não o chamariam de gênio.

Os bloqueios organizacionais têm a ver com o ambiente de trabalho. Certos líderes acreditam que trabalho é coisa séria. Basta observá-los numa mesa de reunião para notar como desempenham papéis sisudos e taciturnos. É como se, naquele instante, preparados exatamente para pensar, planejar e criar alternativas de solução de problemas, todos evocassem seus bloqueios mentais. Quanto mais precisam de seu talento criativo, mais o ambiente propicia bloqueios.

A criatividade gosta do lúdico e do divertimento. Aflora com mais intensidade nos ambientes alegres.

O trabalho de equipe pode contribuir muito para o rompimento dos bloqueios através do ajuste dos modelos mentais, concorrendo também para criar um ambiente mais descontraído. É muito divertido e prazeroso atuar em equipe. Quando existe colaboração, cada um traz para o trabalho seu repertório de conhecimento e de vivências. Um proporciona ao outro inspiração e intercâmbio de energia. Pedro libera a energia de Antônio e Antônio libera de Pedro. A informação flui e se multiplica facilmente.

O aprendizado se torna renovador e revitalizante. Podem surgir conflitos, pois nas empresas com alma todos compreendem que tal intercorrência é da natureza de equipes comprometidas.

Nas empresas plenas, a imaginação humana será a fonte dos melhores diferenciais. Como fundamental elemento para gerar inovação, seja em produtos ou serviços, pela presença de pessoas comprometidas com o corpo, a mente e a alma dessas empresas.

Resultado: a contribuição do corpo para a empresa plena

O resultado advém das ações de pessoas, utilizando os recursos físicos, materiais, técnicos e financeiros da empresa, em favor de uma visão compartilhada. Portanto, o resultado não é produzido só pelo corpo, e sim por toda a tríade. Mas é o corpo que cuida de medi-lo e de situar a empresa no tamanho ótimo.

Um empreendimento não sobrevive apenas com uma inteligente visão estratégica nem com um salutar espírito de equipe, se não atuar no tamanho ótimo, fator que viabiliza a liquidez e a rentabilidade. A rentabilidade é um dos principais indicadores de desempenho do corpo. É a combinação da margem e do giro, e a evolução de cada uma dessas variáveis faz com que a taxa de retorno se eleve, o que significa melhor desempenho ou melhor utilização dos ativos para gerar receitas. A melhor taxa de retorno é aquela que consegue o maior resultado com o menor ativo possível.

Como vimos, as receitas são formadas por volume e preço. Para aumentar a margem de contribuição percentual é preciso elevar as receitas ou diminuir os custos variáveis. Vejamos algumas opções:

- Verificar a metodologia de formação de preços e de apropriação dos custos diretos aos produtos ou serviços.
- Verificar a melhor utilização dos materiais na produção visando eliminar desperdícios, perdas e refugos. Os materiais são parte dos ativos da empresa e devem ser otimizados.
- Os processos têm de ser encurtados ao máximo, para gerar maior produtividade e melhor utilização dos ativos.
- As pessoas devem ser treinadas para obter o máximo de produtividade. Nem sempre a análise e o aprimoramento dos processos conseguem aumentar a produtividade e a melhor utilização dos ativos. O trabalho de equipe e a melhora da qualidade dos relacionamentos contribuem muito e não raro funcionam mais do que muitos programas de qualidade voltados apenas à engenharia de produção. É a alma completando o corpo.

Uma cultura voltada para o resultado substitui com vantagens qualquer controle acirrado sobre as pessoas, como o orçamento, por exemplo. Aliás, o orçamento não perde importância, mas passa a servir como orientador de gastos. Todos estão dispostos a apoiar as decisões quando compreendem seus propósitos, como o uso adequado do telefone, o zelo nos gastos com energia, a utilização inteligente dos veículos, a conservação e manutenção de máquinas, equipamentos e instalações etc.

Vejamos algumas alternativas de melhora dos giros:

- Aumentar a vida útil de máquinas, equipamentos e veículos que compõem o ativo permanente, com manutenção preventiva e trato adequado pelos usuários. Adquirir esses ativos em melhores condições de preço, prazo e tipo de financiamento.
- Reduzir o número de duplicatas a receber com ações de crédito e cobrança ao atentar para a concessão de crédito e adotar uma política de cobrança mais agressiva, bem como ações de tesouraria e elaboração de tabela de vendas com prazos menores aos clientes.
- Reduzir os estoques de matérias-primas com uma política adequada de compras, pelo conhecimento do ponto de reposição e do lote econômico de compra.
- Reduzir os estoques de produtos em elaboração com uma avaliação do processo e utilização de metodologia do tipo *just-in-time*.
- Reduzir os estoques de produtos acabados com uma ação comercial mais direcionada e melhor previsão de vendas.

O corpo fornece o painel de controle, mas não substitui a tripulação. As opções de melhoria de margens, giros e rentabilidade dependem de pessoas dispostas, informadas, treinadas e comprometidas a dar o melhor de si para atingir os resultados da empresa. É a alma a serviço do resultado.

As velhas armadilhas

O chefe autoritário controla sua equipe ditando normas, redigindo regulamentos, elaborando programas de desenvolvimento profissional, introduzindo tecnologias mais eficientes, organizando e fiscalizando os horários de trabalho e de descanso de seus empregados.

O chefe autoritário está tão ocupado com as condições da embarcação que nem sequer percebe os perigos do oceano. As variáveis ambientais mudam com rapidez, o que aumenta, dia a dia, a complexidade da função de liderança. As empresas precisam cada vez mais de direção, destino, rumo, norte.

Quando o corpo começa a tomar conta é comum ouvir: "Isso não é de minha responsabilidade", "Isso está fora de minha alçada" ou "Esse não é meu departamento". São claros sinais de que a visão do todo está sendo abandonada e as pessoas estão mergulhando nas tarefas e esquecendo os resultados.

O verdadeiro líder é capaz de desenvolver, em sua equipe, uma visão compartilhada na escolha do rumo da empresa, portanto seu principal objetivo. É onde a empresa deseja estar.

Operações referem-se aos planos e às decisões cotidianas que orientam os processos de desenvolvimento, produção, distribuição, marketing dos produtos e serviços oferecidos por uma empresa a seus clientes.

É necessário que a visão se integre nas operações cotidianas. Para que a visão continue sendo uma força vital e contínua, deve abranger todas essas áreas da realidade empresarial. Tem de se tornar parte da cultura interna e é fundamental que o corpo se adapte à visão.

Visão compartilhada

Muitos líderes acreditam que os números são os principais objetivos da empresa. Veem as metas numéricas de faturamento como o grande objetivo estratégico. Nada mais errado. Uma empresa cujo principal objetivo é a meta de faturamento é muito chata. Terminado o mês, surge outro, com meta ligeiramente superior. Nada mais enfadonho. As equipes de vendas que o digam. É uma atitude típica de empresa-objeto.

As metas numéricas só possuem significado se estiverem embasadas em uma visão compartilhada. Por si sós não são nada estimulantes, se não estiverem ligadas a um sentido maior. É como seguir viagem tendo como objetivo determinada quilometragem em vez de um destino agradável. No primeiro caso, o trajeto é feito de olho no marcador de distância. No segundo, o percurso gera prazer, pois se aprecia o caminho, o relevo, a vegetação, na expectativa de alcançar um destino cuja beleza compense até eventuais percalços da jornada. Considere esse ponto de chegada uma visão de futuro. A visão é também o compartilhamento do porvir desejável a todos. É o sonho coletivo.

Os valores dos clientes agregados aos valores da equipe sintetizam a visão:

VISÃO COMPARTILHADA

VALORES DOS CLIENTES	VALORES DA EQUIPE
O que os clientes valorizam e precisa ser feito	O que os colaboradores valorizam e sabem fazer
Negócio	Condutas
Diferenciais	Competências

Quem compartilha da visão, reconhece o significado do negócio, a importância dos diferenciais (mente), as condutas que regem os comportamentos das pessoas e as competências da equipe (alma).

Visão talvez seja uma palavra que evoque certa abstração, algo transcendental, romântico, espiritual até. É verdade que ela inclui esses componentes, mas empresas com visão são muito mais desafiadoras nos seus objetivos e rigorosas com as suas metas do que aquelas destituídas de uma visão.

As empresas sem uma visão compartilhada do futuro são como os trigais: inclinam-se ao sabor dos ventos. É o que acontece com as empresas-objeto, desnorteadas e sensíveis. A visão compartilhada põe o corpo a serviço do futuro. Já vimos que sem uma orientação proveniente da visão o corpo é como um andarilho errante. Suas ações dependem da direção ditada pela visão compartilhada de futuro. O mesmo acontece com a mente. A visão inspira os melhores diferenciais e sugere as melhores competências para uma empresa única e inovadora. Na alma, a visão reflete a imagem de uma equipe comprometida e de alto desempenho.

Da mesma maneira que a visão compartilhada funciona como mola propulsora que instiga a empresa ao crescimento, também age como ímã, impedindo que os negócios se estendam além dos limites balizados pelos valores.

Uma função importante da visão compartilhada de futuro é proporcionar certo controle sobre o destino da empresa. E, também, sobre o destino das pessoas. Estas, portanto, têm com o que concordar ou discordar e decidem se estão dispostas a dar seu apoio. É o principal recurso com que o líder pode contar para conseguir o apoio dos colaboradores e, assim, explorar o futuro, instigar a imaginação e evocar a fé e a coragem de todos na empresa.

10 SEU DEPARTAMENTO TAMBÉM PODE SER PLENO

Do departamento para o empreendimento

"Minha empresa jamais será plena, não há o que eu possa fazer."

Deixe disso! Antes de qualquer coisa, considere que poder ninguém lhe dá, você é quem conquista. E ele está aí, esperando que alguém o assuma.

Para isso, é preciso deixar de lado as desculpas verdadeiras e fazer o trabalho que precisa ser feito. Implica ampliar a zona de monitoração, seja ela representada pelo seu departamento, projeto, trabalho, cargo ou função.

Em suma: a sua zona de monitoração, qualquer que seja ela, pode ser constituída por corpo, mente e alma. E isso depende de você, mais ninguém.

Tome como exemplo o seu departamento: você pode transformá-lo num empreendimento pleno. Por mais que a sua empresa teime em ser objeto, desnorteada ou sensível, você pode criar o seu empreendimento pleno. Implica não ser apenas o gerente, mas também o empreendedor e o gestor do seu departamento. Esse múltiplo olhar sobre o seu departamento vai fazer com que consiga resultados até então inimagináveis.

E tudo começa por aí: deixar de vê-lo como departamento e passar a vê-lo como um empreendimento. Mudando a sua percepção, muda também a forma de pensar e o jeito de fazer.

Esse novo olhar, embora sutil, traz diferenças impactantes, como pode ser visto a seguir.

DEPARTAMENTO	EMPREENDIMENTO
Que trabalho deve ser feito?	Qual é a nossa visão compartilhada?
Pensamento analítico	Pensamento sistêmico
Ajusta o presente ao passado	Ajusta o presente ao futuro
Submissão ao chefe	Satisfação do cliente
Evita riscos	Assume riscos
Como fazer e quem o fez	Por quê e o quê fazer
Cargos e funções	Talentos e contribuições
Oportunidades são vistas como problemas	Problemas são vistos como oportunidades
É melhor pedir permissão do que desculpas	É melhor pedir desculpas do que permissão
Atenção no denominador	Atenção no numerador
A empresa controla os líderes	Os líderes controlam a empresa

A mente do empreendimento

Ainda que o departamento que atende o cliente esteja na sala ao lado, a distância entre um e outro parece imensa. O relacionamento é evasivo, a comunicação é pobre, prevalecem as pressuposições e os preconceitos. Isso quando não surgem conflitos, declarados ou não, onerando os clientes finais e os resultados.

O primeiro passo para criar um departamento pleno, ou melhor, um empreendimento pleno, é reconhecer que está a serviço do cliente e, para isso, é preciso compreender seus beneficiários:

- Quem são os clientes internos e externos?
- O que desejam?
- Quais são seus anseios?
- Quais são suas expectativas?
- O que realmente necessitam?

A partir daí é possível definir o negócio e os diferenciais. É importante tratá-los como clientes dos quais depende o sucesso do empreendimento. Melhor do que pressupor suas necessidades é planejar com eles as alternativas de solução dos seus problemas e não se limitar às necessidades declaradas, mas investigar também as não declaradas.

Da mesma forma que um empreendimento no mercado, o departamento pleno deve vender seu peixe, oferecer seus produtos e serviços, criar outros e expandir os mercados, sempre buscando a satisfação e o reconhecimento do cliente.

Quem sabe se no futuro esse departamento não será transformado em uma unidade de negócio?

A alma do empreendimento

É preciso que o conjunto de pessoas que trabalham no departamento se transforme em uma equipe de alto desempenho. Para isso, objetivos, metas e indicadores de desempenho devem ser definidos em conjunto. Uma carta de valores selará o acordo de equipe, bem como a definição de propósito.

Os conhecimentos e habilidades individuais serão utilizados conforme as novas demandas e os novos desafios criados para satisfazer os clientes.

Sessões de *conversa de valor* devem ser feitas periodicamente para que todos possam expor sentimentos e pensamentos, num processo contínuo de desenvolvimento de equipe. A *conversa de valor* compreende tratar do desempenho da equipe, da qualidade dos relacionamentos, do nível do comprometimento, da criatividade e da multiplicação dos conhecimentos.

A liderança é participativa e educadora e o consenso, a regra decisória. Essa participação gera comprometimento, que, por sua vez, é gerador de salutar divergência de opiniões. Tudo isso resulta num ambiente mais propício à criatividade.

O corpo do empreendimento

Um departamento é composto de cargos, funções, tarefas e afazeres, sendo às vezes lastreado num orçamento que determina o montante de gastos. Nesse modelo tradicional, as pessoas mais se repetem que inovam. A autoridade, a centralização e o controle restringem a criatividade e a iniciativa das pessoas. O cliente, interno ou externo, é ignorado. Boa parte prefere batucar teclados e mergulhar na rotina. Em decorrência disso, o desempenho é sempre inferior ao potencial da equipe.

Transforme tarefas e afazeres em projetos voltados para o cliente. Pense mais em resultados (numeradores) e menos em gastos (denominadores). Pense em como utilizar melhor os conhecimentos e as habilidades dos membros da equipe. A preocupação com a excelência e a presença constante do cliente passarão a ser a principal motivação da equipe, deixando para trás o cumprimento das exigências do chefe e do departamento.

Claro que o orçamento deve ser levado a sério, mas não pode inibir a capacidade de imaginação da equipe e a satisfação do cliente nem ser o único indicador de desempenho. Crie indicadores da mente que tratem da satisfação do cliente e indicadores da alma no que se refere à satisfação dos colaboradores.

Líderes e equipes de departamentos plenos são os precursores do futuro das novas relações de trabalho.

11 A EMPRESA EM PLENO DESENVOLVIMENTO

É ruim, para o futuro da empresa, não saber explicar seu fracasso ou seu sucesso. Há algumas que sucumbem sem que seus líderes saibam identificar com precisão os erros cometidos. Não possuem a visão sistêmica da tríade corpo, mente e alma, que auxiliaria muito o diagnóstico. Outras são bem-sucedidas, mas seus líderes tampouco são capazes de determinar com clareza as causas do sucesso. Tal miopia impede que tenham garantia de sucesso também no futuro, pois pode ter sido ajudada por fatores circunstanciais e episódicos, como modismo, aquecimento da demanda, enfraquecimento da concorrência etc.

Como vimos, a grande vantagem de examinar sistemicamente uma empresa sob a ótica do corpo, da mente e da alma, é aprimorar o processo de diagnóstico e, portanto, da compreensão das causas do sucesso ou do fracasso. Quando o diagnóstico é preciso, é mais fácil definir os passos seguintes, torna-se menos penosa a tarefa de detectar os problemas atuais e compreender suas causas, e, também, prever problemas futuros por conta de novas causas que se prenunciam.

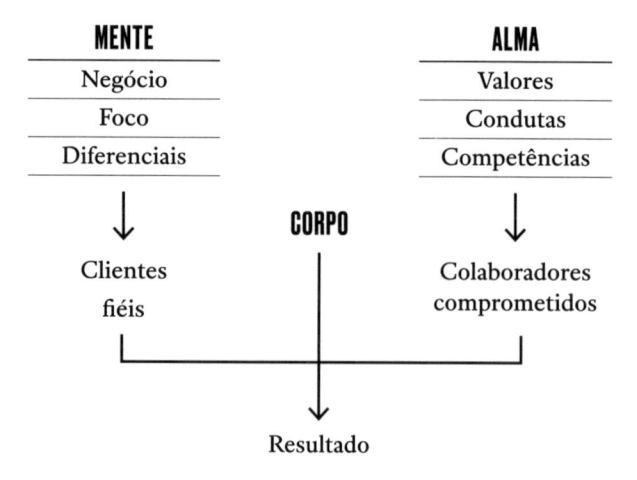

A compreensão do que se passa com a empresa, saber onde ela está e para onde tende a ir, faz com que o desenvolvimento da consciência preceda o desenvolvimento das competências, em um saudável processo sequencial de aprendizado. Se a consciência precede a mudança, pode-se concluir que plena é a empresa voltada à renovação e, portanto, não é estática nem estagnada.

A plena é a típica empresa de aprendizado na qual as competências são desenvolvidas porque existe consciência de suas necessidades. Como se renova, está em constante evolução.

É importante que a tomada de consciência seja feita de corpo, mente e alma e também que o desenvolvimento das competências se dê no corpo, na mente e na alma. É como garantir o progresso sustentado por sólidos alicerces.

Ordem no caos

- A empresa plena não surge naturalmente, necessita de liderança. É comum, no entanto, os líderes dedicarem tempo e esforço àquilo que a empresa já tem de sobra. Exemplos: a empresa-objeto, de corpo delineado, reforça esse corpo; a empresa desnorteada, que privilegia a mente, volta-se ainda mais para o desenvolvimento da mente; e a empresa sensível, preocupada com a alma, se concentra justamente em aprimorar essa alma. Com isso, cada uma delas recebe uma overdose daquilo que menos precisa.

- O pensamento sistêmico e a capacidade de diagnóstico permitidos pela tríade fazem com que os líderes concentrem tempo e esforço naquilo de que a empresa realmente necessita para atingir o equilíbrio.

- O equilíbrio da empresa plena é uma meta. A tendência natural, porém, é o desequilíbrio. Qualquer dispersão leva a isso; o equilíbrio exige atenção contínua, eterna vigília e ação planejada.

- A empresa plena, contudo, não é uma formatação acabada. Não existe ponto de chegada. Uma empresa pode estar em equilíbrio e ser plena em tamanho diminuto ou pode ser ampla, manter o equilíbrio e continuar plena. Ser plena no tamanho certo é o primeiro desafio. Saber crescer sem perder o equilíbrio é o segundo desafio. Manter-se plena no tamanho ótimo é o terceiro desafio. Mudar para continuar plena é o desafio permanente.

- A empresa plena é formada por líderes exigentes e que querem muito dos seus negócios. Não almejam *apenas* lucros nem *apenas* parcelas de mercados ou *apenas* uma boa equipe. Desejam tudo ao mesmo tempo, ainda que tenham de abrir mão de alguns exageros em seus quereres em prol do equilíbrio. A empresa plena existe para fazer a diferença, isto é, desenvolver seu negócio, seus colaboradores e seus resultados, concomitantemente, de maneira integrada.

- Por mais contraditório que possa parecer, o desequilíbrio é necessário. Piaget diz que a educação da criança se dá pela desequilibração e, a partir daí, a busca do equilíbrio. O acrobata na corda bamba mantém o equilíbrio pela contínua correção do seu desequilíbrio. A busca do equilíbrio é o processo de aprendizado e de desenvolvimento. Não é diferente com as empresas. O desequilíbrio incita ao risco, à criatividade e ao aprendizado. O equilíbrio é a necessidade de se livrar do caos e a sua busca leva ao aprendizado organizacional. Por esse motivo, a empresa plena é uma legítima empresa que aprende.

EPÍLOGO

Finis coronat opus (o fim é a coroa do trabalho). Assim espero. Se o livro, em seu início, é a tradução suprema da angústia, o término é o bálsamo reconfortante da missão cumprida.

Mas a maior recompensa é ter partilhado os conceitos de empresa plena. Entregar a vida em troca de uma empresa geradora de dinheiro, apenas, é muito pouco. É mediocrizar a vida, que é muito, muito mais.

O Criador, em sua benevolência, nos deu muitos talentos. Usá--los para o bem dos outros é a mais sincera e silenciosa oração que podemos oferecer como graça. Quando nos organizamos em grupo, então, tais talentos criam efeitos exponenciais. É a divindade presente. Somos, então, sublimes.

A empresa é o ambiente apropriado para exercitar nossos talentos e nos colocar a serviço da criação. Torná-la rude e severa é desperdiçar toda a natureza e a energia criativa que as pessoas levam consigo quando vão ao trabalho; torná-la alegre, ainda que austera, é saber que uma empresa pode ser um lugar aprazível e agradável onde as pessoas gostam de estar.

É bom saber que tudo é uma questão de escolha. Você pode escolher em que tipo de empresa quer estar. Arranje cúmplices, busque adeptos, faça uma empresa que valha a pena. Não espere que ela se torne plena naturalmente. As "verdades" e os padrões impedem que isso aconteça. Romper os bloqueios é um exercício desafiador e recompensador. Individual e coletivamente. Faça isso em equipe, os efeitos são formidáveis. Comece agora!

Espero que este livro realmente lhe seja útil, que incentive a reflexão e, mais ainda, leve a mudanças verdadeiras em sua empresa, a partir das que ocorrem – sincera e consistentemente – em você. Nada mais criador e gratificante do que manter a mente aberta, o coração aquecido e os pés no chão. Com a graça de Deus!

REFERÊNCIAS BIBLIOGRÁFICAS

ARGYRIS, Chris. *Enfrentando defesas empresariais* (Elsevier).

BLOCK, Peter. *Stewardship: regência* (Editora Record).

CHIAVENATO, Idalberto. *Gerenciando pessoas* (Makron Books).

COLLINS, James C.; PORRAS, Jerry I. *Feitas para durar* (Alta Books).

LEVITT, Theodore. *Marketing para desenvolvimento dos negócios* (Cultrix).

MCGREGOR, Douglas. *O lado humano da empresa* (Martins Fontes).

MOSCOVICI, Felá. *Equipes dão certo* (José Olympio).

MUCCHIELLI, Roger. *O trabalho em equipe* (Martins Fontes).

PETERS, Tom. *Rompendo as barreiras da administração* (Harbra).

PORTER, Michael E. *Estratégia competitiva* (GEN Atlas).

FONTES Druk, Register
PAPEL Alta Alvura 90 g/m^2
IMPRESSÃO Imprensa da Fé